"O ser humano está fadado à glória estelar. Atingi-la depende exclusivamente do empenho que de si se exija, não desfalecendo e tendo sempre em mente que a conquista do planalto é mais difícil do que a descida ao abismo."

Joanna de Ângelis/Divaldo Franco

Para

com votos de paz

DIVALDO FRANCO
PELO ESPÍRITO
JOANNA DE ÂNGELIS

SENDAS LUMINOSAS

Salvador
1. ed. especial – 2025

COPYRIGHT © (2025)
CENTRO ESPÍRITA CAMINHO DA REDENÇÃO
Rua Jayme Vieira Lima, 104
Pau da Lima, Salvador, BA.
CEP 412350-000
SITE: https://mansaodocaminho.com.br
EDIÇÃO: 1. ed. especial – 2025
TIRAGEM: 5.000 exemplares – milheiro: 17.000
COORDENAÇÃO EDITORIAL
Lívia Maria Costa Sousa

REVISÃO
Adriano Mota Ferreira
Lívia Maria Costa Sousa
Plotino Ladeira da Matta
CAPA
Ailton Bosco
EDITORAÇÃO E PROJETO VISUAL
Ailton Bosco
COEDIÇÃO E PUBLICAÇÃO
Instituto Beneficente Boa Nova

PRODUÇÃO GRÁFICA
LIVRARIA ESPÍRITA ALVORADA EDITORA – LEAL
E-mail: editora.leal@cecr.com.br

DISTRIBUIÇÃO
INSTITUTO BENEFICENTE BOA NOVA
Av. Porto Ferreira, 1031, Parque Iracema. CEP 15809-020
Catanduva-SP.
Contatos: (17) 3531-4444 | (17) 99777-7413 (WhatsApp)
E-mail: boanova@boanova.net
Vendas on-line: https://www.livrarialeal.com.br

Dados Internacionais de Catalogação na Publicação (CIP)
(Catalogação na fonte)
BIBLIOTECA JOANNA DE ÂNGELIS

F825   Franco, Divaldo Pereira. (1927)

Sendas luminosas. 1. ed. / Pelo Espírito Joanna de Ângelis [psicografado por] Divaldo Pereira Franco, Salvador: LEAL, 2025.
160 p.
ISBN: 978-65-86256-62-8

1. Espiritismo 2. Psicografia 3. Reflexões morais I. Franco, Divaldo II. Título

CDD: 133.93

Bibliotecária responsável: Maria Suely de Castro Martins – CRB-5/509

DIREITOS RESERVADOS: todos os direitos de reprodução, cópia, comunicação ao público e exploração econômica desta obra estão reservados, única e exclusivamente, para o Centro Espírita Caminho da Redenção. Proibida a sua reprodução parcial ou total, por qualquer meio, sem expressa autorização, nos termos da Lei 9.610/98.
Impresso no Brasil | Presita en Brazilo

SUMÁRIO

Sendas luminosas...13

1 Resistência contra o mal 17

2 Caminhos...21

3 Desafios ao ideal..25

4 Intrepidez moral 29

5 Curas 33

6 Conflitos sexuais..37

7 Saber ouvir 43

8 Insatisfação.. 47

9 Doenças..51

10 Impositivo do trabalho......................................55

11 Consciência de culpa 61

12 Lavoura mediúnica... 67

13 Lutas íntimas 73

14 Compaixão 77

15	Autoafirmação	81
16	Sacrifícios	85
17	Cansaço do bem	91
18	Alegria perfeita	95
19	Instrumento divino	99
20	Lembranças do passado	105
21	Evangelho e bênção	111
22	Ânsia de vida	115
23	O mundo e Jesus	119
24	Violência e loucura	123
25	Exaltação à vida	127
26	Conquistas do amor	131
27	Morte e atavios	135
28	Impiedade execrável	139
29	Amadurecimento emocional	145
30	Conquista interior	149
31	Parasitose perigosa	153
32	A bênção do amor	157

"Largos e acessíveis são os caminhos do mundo dos sentidos, e mais apertados aqueles da conquista espiritual."

Joanna de Ângelis/Divaldo Franco

Foto: Vanessa Kosop

DIVALDO FRANCO

Filho do casal Francisco Pereira Franco e Anna Alves Franco, **Divaldo Pereira Franco** nasceu em 5 de maio de 1927, na cidade de Feira de Santana, Bahia, e desde a infância se comunica com os Espíritos.

Cursou a Escola Normal Rural de Feira de Santana, recebendo o diploma de professor primário em 1943.

É um dos mais consagrados oradores e médiuns da atualidade, fiel mensageiro da palavra de Cristo pelas consoladoras e esperançosas lições da Doutrina Espírita.

Com a orientação de Joanna de Ângelis, sua mentora, tem mais de 250 obras publicadas, de vários Espíritos, muitas já traduzidas para outros idiomas, levando a luz do Evangelho a todos os continentes sedentos de paz e de amor. Divaldo Franco tem sido também o pregador da Paz, em contato com o povo simples e humilde que vai ouvir a sua palavra nas praças públicas, conclamando todos ao combate à violência, a partir da autopacificação.

Há mais de 70 anos, em parceria com seu fiel amigo Nilson de Souza Pereira, fundou a Mansão do Caminho, cujo trabalho de assistência social a milhares de pessoas carentes da Cidade do Salvador tem conquistado a admiração e o respeito da Bahia, do Brasil e do mundo.

Escaneie o QR-CODE,
e tenha + conteúdo!

JOANNA DE ÂNGELIS

Joanna de Ângelis, que realiza uma experiência educativa e evangélica de altíssimo valor, tem sido, nas suas diversas reencarnações, colaboradora de Jesus: a última ocorrida em Salvador (1761-1822), como Sóror Joana Angélica de Jesus, tornando-se Mártir da Independência do Brasil; na penúltima, vivida no México (1651-1695), como Sor Juana Inés de la Cruz, foi a maior poetisa da língua hispânica.

Vivera na época de São Francisco (século XIII), conforme se apresentou a Divaldo Franco, em Assis.

Também vivera no século I, como Joana de Cusa, piedosa mulher citada no Evangelho, que foi queimada viva ao lado do filho e de cristãos outros, no Coliseu de Roma.

Até o momento, por intermédio da psicografia de Divaldo Franco, é autora de mais de 70 obras, 35 das quais traduzidas para 15 idiomas e 10 transcritas em Braille. Além dessas obras, já escreveu milhares de belíssimas mensagens.

Escaneie o QR-CODE, e tenha + conteúdo!

SENDAS LUMINOSAS

O processo da evolução se opera mediante esforços ingentes que assinalam as conquistas adquiridas, abrindo espaço para novas realizações que facultam a fixação das sendas percorridas como patrimônio inalienável do ser.

Multiplicam-se essas vias de acesso ao conhecimento e à experiência, facultando a conquista dos sentimentos de beleza, de amor e de ternura que dignificam o Espírito, auxiliando-o na libertação das províncias de sombra por onde tem transitado, nessa fase inicial que caracteriza o período primário do qual procede.

O Espiritismo, oferecendo os instrumentos hábeis para o autoconhecimento, para a alodescoberta, proporciona campo experimental valioso a fim de que o ser adquira a harmonia necessária e a lucidez indispensável para saber o que lhe é mais valioso ou secundário, equipando-o para a vitória sobre si mesmo e as dificuldades que defronta a cada momento.

Essa ascensão é feita, normalmente, de etapas, conseguindo, em uma vez a conquista da inteligência, noutra a do sentimento, que se deverão unir, até estabelecer-se no íntimo a sabedoria, que são as duas asas propiciadoras dos voos aos cimos libertadores da Vida.

Enquanto predomine a *natureza animal* sobre a espiritual, o ser necessitará de refazimento e repetição de experiências, até desvestir-se da herança dos instintos mais vigorosos

ASSINALAR
Diferenciar por traços especiais; particularizar, especificar.

FACULTAR
Permitir, facilitar, oferecer, ensejar.

INALIENÁVEL
Não alienável; que não pode ser vendido ou cedido.

ALODESCOBERTA
(M.q.) Autodescoberta.

DEFRONTAR
Pôr(-se) frente a frente com; confrontar(-se), comparar(-se).

ASCENSÃO
Qualidade ou estado do que está em ascendência, movendo-se para cima, elevando-se.

CIMO
A parte superior de uma coisa que tem maior altura do que comprimento ou largura; a parte de cima; alto, topo.

FISIOLÓGICO
Relativo à fisiologia (estudo das funções e do funcionamento normal dos seres vivos, esp. dos processos físico-químicos que ocorrem nas células, tecidos, órgãos e sistemas dos seres vivos sadios; biofisiologia).

AFLIGENTE
(M.q.) Aflitivo; que provoca aflição, doloroso.

EXTENUANTE
Que extenua, exaure, debilita; extenuador, extenuativo.

ENGODO
(Por ext.) Qualquer artifício utilizado para atrair alguém; chamariz.

HEDONISMO
(Por ext.) Teoria segundo a qual o comportamento animal ou humano é motivado pelo desejo de prazer e pelo de evitar o desprazer.

AMEALHAR
Juntar (dinheiro) aos poucos, no correr do tempo; poupar, economizar.

ARROUBO
Ato ou efeito de arroubar; êxtase, enlevo.

ENVEREDAR
Seguir por uma vereda; tomar um caminho.

SENDA
Caminho, rumo, direção, rota.

ESCUSA
Desculpa, evasiva, justificação.

MALBARATADO
Que se malbaratou; desperdiçado.

e perturbadores, que serão substituídos pela razão, enquanto os outros, aqueles próprios da organização fisiológica, permanecerão nas suas funções específicas, tais o de conservação da vida, de reprodução, de assimilação etc.

Por se tratar de um esforço contínuo, sem quartel nem lugar para repouso, muitas questões afligentes exigem diretrizes para a sua superação, tanto quanto para encaminhamento conveniente, transformando-as em lições educativas que passam a fazer parte da aprendizagem de cada qual.

No turbilhão de conflitos e de apelos que os tempos modernos oferecem ao indivíduo, propiciando-lhe ilusões e arrebatamentos, prazeres e gozos extenuantes, a renúncia, o sacrifício, o amor, a caridade parecem palavras sem sentido prático, longe da realidade que a maioria busca, asfixiando-se nos vapores tóxicos dos engodos de breve duração.

O homem atual, excessivamente *prático* e intelectualizado, torna-se vítima do hedonismo, que se lhe apresenta como compensação aos esforços envidados para a aquisição de segurança, bem-estar, equilíbrio socioeconômico, poder, por cujo meio pensa alcançar as metas que lhe satisfarão os impulsos egotistas de que se faz vítima fácil. Amealha, para destacar-se na sociedade; corrompe, a fim de triunfar; exalta-se, para chamar a atenção e desfrutar o máximo que as oportunidades lhe podem oferecer. Tomado pelo arroubo do momento, envereda por sendas escuras e escusas, até o despertar no sofrimento que a ninguém poupa; nas incertezas que sempre surgem; nos conflitos que o dominam em face da insatisfação que o desafia; na ameaça constante da morte que procura afastar; no medo que dele se apodera... e deseja soluções fáceis, reconciliação interior apressada, recuperação do tempo malbaratado de imediato e, porque isso não é possível, tomba em lamentáveis alucinações e desequilíbrios responsáveis por muitas tragédias de consequências imprevisíveis.

Sendas luminosas

Existem, entretanto, sendas luminosas, que estão abertas a todos quantos se encontrem dispostos a fazer a reconciliação com a consciência, ao reequilíbrio, ao avanço sem culpa, à preservação dos valores éticos, à conquista da paz. Para que elas sejam percorridas, basta que a reflexão e a prece ressumem dos sentimentos amortecidos e facultem a comunhão com as lições que fruem do pensamento e da vida de Jesus Cristo, de incomparável atualidade, portadoras de recursos terapêuticos capazes de renovar o mundo íntimo de cada ser e apresentar-lhe as respostas compatíveis com as necessidades impostas pelas circunstâncias. A sua aceitação favorece-lhe a lucidez e a libertação da anestesia mental para as importantes realidades da vida.

RESSUMAR
Manifestar(-se) de maneira evidente; revelar-se.

FRUIR
Desfrutar, usufruir.

Por ocasião da viagem de divulgação doutrinária do Espiritismo realizada pelo confrade Nilson de Souza Pereira e o médium Divaldo Pereira Franco a diversos países europeus, iniciada no dia 1º de junho do corrente ano, na cidade de Santo André (SP), e encerrada no dia 28 do mesmo mês, em Salvador (BA), convidamo-los a participar conosco, conforme ocorreu em vezes anteriores, de um trabalho de psicografia de páginas abordando assuntos de interesse geral, particularmente referentes aos temas abordados durante as conferências ou as conversações mantidas nas diferentes cidades, consignando a nossa opinião espiritual.

CONFRADE
(Por ext.) Colega, companheiro; indivíduo que tem a mesma condição ou situação que outro, por natureza ou dentro de uma instituição, uma atividade, um ofício etc.

CONSIGNAR
Registrar por escrito.

Reconhecemos que elas são destituídas de originalidade e nada trazem de novo que já não se encontre escrito na Codificação Kardequiana ou que fazem parte dos estudos realizados em diferentes obras subsidiárias da Doutrina Espírita.

DESTITUÍDO
Que não revela ou evidencia algo.

Como nos cumpre semear sempre, encorajamo-nos a apresentar nossos pensamentos e reflexões em torno de muitas sendas por onde transitam pessoas, desinformadas ou não, a fim de que as tornem luminosas com a sua inspiração e conduta, deixando-as livres para aqueles que virão depois.

Esperamos que a nossa contribuição, embora desprovida de valor literário ou pretensão narcisista, auxilie, pelo menos, alguém que se encontre pelo caminho sem saber conduzir-se para prosseguir, facilitando-lhe a jornada.

Rogando ao Senhor de Bênçãos que nos ampare e nos conduza pelas sendas luminosas, avancemos, juntos, na direção dos Altos Cimos.

Salvador – Bahia, 31 de dezembro de 1997.

Joanna de Ângelis

NARCISISTA
Que ou quem é muito voltado para si mesmo, esp. para a própria imagem; que ou quem se narcisa.

1

RESISTÊNCIA CONTRA O MAL

H á dias nos quais as resistências parecem diminuir. São consequências naturais do cansaço acumulado, efeitos dos pesares reunidos, abalos do sistema emocional, estados de depressão, presença da amargura...

Nessas oportunidades, o pensamento desvaira e o entusiasmo se entibia, dando surgimento a possibilidades do abandono das tarefas assumidas, a aparente necessidade de maior repouso, a oferecimento de lugar a outros companheiros queixosos, a novas experiências...

Exatamente nesses momentos de fragilidade idealística e de enfraquecimento moral surgem as facilidades que se desejam instalar no indivíduo através das brechas do sentimento afligido.

Anseios perturbadores antigos, que foram rechaçados, voltam à mente; reflexões penosas assenhoreiam-se do raciocínio; instabilidade emocional procura fixar-se; o pessimismo ressurge; a autocompaixão se manifesta, parecendo solicitar ensejo de viver no prazer e no gozo.

DESVAIRAR
Fazer cair em desvairo, causar alucinações a; alucinar, endoidecer.

ENTIBIAR
Fazer ficar ou ficar tíbio, frouxo; amornar(--se); enfraquecer(-se).

ANSEIO
Sentimento ou estado de preocupação ou sofrimento; aflição, angústia, ânsia.

RECHAÇAR
Forçar a retirada, o recuo de; rebater, repelir.

ENSEJO
Ocasião favorável; oportunidade.

DESFALECENTE
Que desfalece; em estado de desfalecimento.

SOEZ
Barato, sem nenhum valor; desprezível, reles, vulgar.

COMPRAZER
Abandonar-se a uma autossatisfação; deleitar-se.

ATENAZAR
Causar dor em; maltratar, mortificar.

INSTILAR
Fazer penetrar ou penetrar progressivamente (uma ideia, um sentimento) no espírito de alguém; insinuar(--se), insuflar(-se).

PERNICIOSO
Que faz mal; nocivo, ruinoso.

PRECATAR
Pôr (alguém ou a si mesmo) de sobreaviso a respeito de (algo ou alguém); acautelar(-se), prevenir(-se).

ASPIRAR
Desejar profundamente; almejar, pretender, querer.

VENTURA
Felicidade.

Enquanto esses adversários se vão apresentando, soa na consciência um sinal de alarme, anunciando que se está em hora de perigo, em razão de se encontrarem desfalecentes as resistências morais.

Torna-se urgente uma parada na descida emocional, a fim de não se tombar nas armadilhas soezes da tentação.

Ocorre que, em tais circunstâncias, Espíritos perturbadores que se comprazem em atenazar as criaturas são atraídos e instilam-lhes o veneno do desânimo, objetivando a interrupção das atividades de enobrecimento que lhes desagradam.

Em outros ensejos, são eles próprios quem geram as circunstâncias perniciosas, de forma a atingir aqueles que desejam prejudicar e se encontram em faixa vibratória diferente, superior, como efeito dos objetivos que perseguem e das ações que praticam.

Toda vigilância se torna necessária, a fim de precatar-se contra as insinuações do mal, principalmente daquele que procede do próprio indivíduo e se encontra sob pressão, nessa fase de transformações de hábitos, de fixação de novos ideais.

Procedente de experiências, nas quais predominam as paixões fortes e devastadoras, o indivíduo sente forte inclinação para o retorno, para repetir os mesmos interesses e gozos, percebendo, porém, que já se encontra em fase melhor de crescimento moral, por isso que aspira por mais nobres conquistas, aquelas que realmente preenchem o sentimento e libertam a mente, proporcionando ventura e paz.

A resistência contra o mal se transforma em desafio que passa a ser vivido a cada instante, em todos os períodos do desenvolvimento evolutivo.

✳

Sempre haverá propostas e facilidades para o mergulho no charco do prazer, assim como portas abertas ao retorno pelos caminhos já percorridos, aqueles que geram sofrimento.

Companheiros de outras aspirações inferiores sempre se acercam, nessas ocasiões, acenando propostas de repetição.

A própria psicosfera do planeta, saturada de violência, alucinação e prazer insaciável, enseja a contaminação naqueles que estão em outras paisagens mentais, trabalhando por diferentes conquistas.

Afetos apaixonados aproximam-se e se propõem a colaborar; e, porque não estão afeitos às disciplinas indispensáveis, tornam-se motivo de constantes conflitos. Amigos viciados passam a agredir, porque se sentem dispensados de contribuírem no empreendimento. Dificuldades se desenham no lar, no trabalho, na comunidade em desenvolvimento espiritual para melhor.

É natural que assim aconteça, em razão dos hábitos convencionalmente aceitos, que conspurcam os sentimentos e anestesiam as aspirações elevadas dos seres humanos.

Jesus veio demonstrar a excelsitude do amor e conclamar todas as criaturas a conquistá-lo, de forma que o *homem velho*, insensato, imediatista, ceda lugar ao *homem novo*, idealista, de resistente compleição moral, convicto da sua imortalidade e da transitoriedade da existência terrena, assim como de todas as suas facécias e ilusões.

Todos aqueles que anelaram pelo progresso da comunidade, que se empenharam pela construção do mundo melhor, experimentaram nas *carnes da alma* os acúleos das tentações, os momentos de fraqueza e quase comprometimento negativo, no entanto estacaram o passo e deram-se conta do perigo, recolhendo-se à oração e buscando o concurso do trabalho dignificante, readquirindo, assim, a coragem e a energia para prosseguirem até o fim, sem novos desfalecimentos.

CHARCO
Terreno baixo, alagadiço, onde a água estagnada se espalha; charqueiro, pântano, paul.

ASPIRAÇÃO
Desejo profundo de atingir uma meta material ou espiritual; sonho, ambição.

SATURADO
(Fig.) Completamente cheio; repleto, abarrotado.

ENSEJAR
Dar ensejo a, apresentar a oportunidade para; ser a causa ou o motivo de; possibilitar, justificar.

CONSPURCAR
(Fig.) Fazer recair dúvidas sobre a integridade de; macular, infamar, desonrar.

EXCELSITUDE
Qualidade do que é excelso (que é sublime, eminente, elevado).

CONCLAMAR
Chamar com insistência, amplamente e de maneira oficial; convocar.

FACÉCIA
Qualidade ou modo facecioso; dito chistoso; chacota, gracejo, pilhéria.

ANELAR
(Por ext.) Desejar ardentemente; ansiar, almejar, aspirar.

ACÚLEO
(Fig.) O que incentiva, estimula; acicate, incitação, provocação.

ESTACAR
Fazer parar ou parar.

A resistência contra o mal é efetivada na ação continuada do bem operante e sem término.

Concluída uma tarefa, logo outra se abre atraente, facultando o prosseguimento para novas conquistas.

Assim, mesmo que as *carnes* estejam *despedaçadas*, e os *ossos*, *desconjuntados*, conforme a feliz expressão do apóstolo Paulo, é necessário prosseguir.

A vitória, em qualquer realização, somente pode ser considerada quando se encontra consumada a luta. Enquanto houver batalha a travar, existem perigos que espreitam e tentações que aguardam.

❁

Modificar todas as estruturas morais viciadas dos comportamentos humanos na Terra constitui tremendo desafio.

Estratificados nas camadas mais profundas do inconsciente do ser, a agressividade, a violência, a usura, a sensualidade, o ciúme, a amargura necessitam de terapia continuada e veraz, de modo a que cedam espaço para a fraternidade, a paciência, a generosidade, o amor, a confiança, a alegria de viver, que serão os novos comandos de segurança para a existência feliz.

Mediante a própria transformação moral do indivíduo se modificará, a pouco e pouco, a sociedade, porquanto alguém que se ergue conduz e levanta toda a Humanidade, de cujo grupo faz parte.

Santo André – São Paulo, 1º de junho de 1997.

2

CAMINHOS

A existência terrestre é assinalada por diversos caminhos que conduzem o Espírito por várias faixas do processo da evolução.

Há uma quase ilimitada possibilidade de escolha de roteiros para seguir; no entanto, selecionada a estrada, os resultados se tornam inevitável efeito da opção.

Por isso mesmo, todos são livres para selecioná-los e segui-los, não obstante se apresentem as consequências correspondentes como fenômeno natural, facultando o progresso ou criando-lhe embaraços que devem ser removidos em futuras decisões.

No desenvolvimento dos valores que lhe dormem em latência, a reencarnação é-lhe o caminho pelo qual aprende a valorizar a vida e a encontrar significado espiritual.

Apesar disso, quase sempre a imersão do Espírito no corpo somático pode ser comparada à utilização de um escafandro de que necessita o mergulhador para alcançar a intimidade das águas profundas e demorar-se nelas. Propiciando segurança de larga e indispensável utilidade, diminui-lhe o ângulo de visão, audição e movimentação, que somente será restaurado no

LATÊNCIA
Estado, caráter daquilo que se acha latente, oculto.

SOMÁTICO
Relativo a ou próprio do organismo considerado fisicamente; físico, corporal.

ESCAFANDRO
Vestimenta impermeável, hermeticamente fechada, us. ger. por mergulhadores profissionais para trabalhos demorados debaixo d'água.

todo, quando do retorno à superfície e da libertação da pesada roupagem.

Sem esse contributo, porém, o Espírito permanece distante das conquistas intelecto-morais propiciadoras da sua autorrealização.

Apresentam-se, desse modo, variadas opções, diversificados caminhos, sendo o mais excelente o do amor, que nunca se equivoca de rota, abrindo mais largas possibilidades de serem alcançados os demais valores do desenvolvimento interior.

O bloqueio parcial momentâneo, a que se vê submetido, cria-lhe dificuldades na eleição das diretrizes que se deve impor, a fim de lograr êxito na experiência em que se encontra.

Em razão dos atavismos ancestrais – a herança decorrente das experiências vividas nas faixas mais primitivas do crescimento espiritual –, a predominância do instinto responde pelos interesses que geram as sensações, das quais se originam os gozos voluptuosos e, ao mesmo tempo, anestesiantes, embriagadores.

São os caminhos do prazer irresponsável gerador de futuras aflições, de que se terá de libertar a contributo de esforço, dor e reeducação moral.

Não poucas vezes, no entanto, apresentam-se floridos e apetecíveis, iludindo a todos quantos se comprazem nos jogos fortes do desejo, atraindo alguns que já se encontram impregnados das aspirações libertadoras, que os escolhem, enganando-se com a possibilidade de posterior superação, pensando em transferir-se para a área das emoções mais transcendentes que decorrem das conquistas espirituais, mas que dificilmente conseguem...

Nesse engodo, muitos se demoram aturdidos e equivocados quanto às metas da existência humana, prometendo-se modificação para melhor e libertação de um para outro momento, que não se apresenta, porque os grilhões do gozo são

---

LOGRAR
Alcançar, conseguir.

ATAVISMO
Herança de características (psicológicas, intelectuais e comportamentais) dos antepassados.

VOLUPTUOSO
Que aprecia ou procura os prazeres dos sentidos, sobretudo sexuais, ou que a eles se entrega; lascivo, libidinoso, sensual.

APETECÍVEL
Suscetível de apetecer; apetitoso, desejável.

TRANSCENDENTE
Que transcende; transcendental; que excede os limites normais; superior, sublime.

ATURDIDO
Com a mente ou os sentidos perturbados; atordoado, desnorteado, tonto.

muito apertados e, embora a ânsia de libertação, as suas vítimas temem a mudança de patamar emocional.

A conquista das alturas é árdua, o caminho quase sempre é estreito e áspero, exigindo tenacidade e valor, objetivo definido e segurança íntima, para se não deixar influenciar pelos ligeiros encantos fictícios da paisagem por onde ruma.

A ascensão espiritual – o abandono das faixas grosseiras dos desejos e das lutas de predominância egoica – faz-se com o empenho da renúncia ao como se é, optando pelo que se pode tornar.

Fáceis são os caminhos da loucura, da paixão desenfreada, dos arroubos permanentemente juvenis a que se entregam as criaturas desassisadas que ainda não experimentaram os encantos da autorrealização, da harmonia interior, do abandono de tudo quanto se dilui com facilidade, deixando profundas marcas de ressentimento e tédio, de amargura e remorso.

Compreendendo a extensão do desafio, na Sua condição de Psicoterapeuta superior, Jesus apresentou-se como o Caminho, demonstrando que a opção para a felicidade, a saúde integral, dá-se através do Seu exemplo, da conduta que se permitiu.

Nesse sentido, apresenta-se a porfia para decidir o rumo a tomar.

Naquele ao qual se está acostumado, já são conhecidos os valores e tudo quanto pode oferecer; no entanto, a respeito do *caminho estreito*, tudo são novidades, expectativas, incertezas, promessas de testemunhos e abnegação.

Uma certeza, todavia, ressuma de todas as inseguranças, que é o encontrar-se com a própria consciência e alcançar a vitória sobre si mesmo.

Largos e acessíveis são os caminhos do mundo dos sentidos, e mais apertados aqueles da conquista espiritual.

TENACIDADE
Qualidade, estado ou condição do que é tenaz, resistente ou difícil de partir.

EGOICO
Relativo ou pertencente ao ego.

DESASSISADO
Que ou quem não tem siso, juízo; desatinado, dessisudo, desvairado, doido.

PORFIAR
(Fig.) Luta por alguma coisa desejada tb. por outro(s); competição, rivalidade, disputa.

ABNEGAÇÃO
Ação caracterizada pelo desprendimento e altruísmo, em que a superação das tendências egoísticas da personalidade é conquistada em benefício de uma pessoa, causa ou princípio; dedicação extrema; altruísmo.

O ser humano, dessa forma, é a medida do caminho eleito para a existência corporal, o qual lhe caracteriza o nível de evolução, dando-lhe a medida das aspirações que o caracterizam.

Quando se descobre em vigília, mesmo que no *escafandro carnal*, busca a cultura, a arte, o desenvolvimento da inteligência, a expressão da sensibilidade em relação à beleza, à harmonia e percebe que é todo um manancial de recursos valiosos que aguardam o despertar e os estímulos indispensáveis para a sua eclosão.

Iniciado esse processo, abrem-se-lhe perspectivas mais atraentes e significativas, que lhe facultam escolher o caminho da ascensão pelo amor, iluminado pelo conhecimento, direcionado pela razão, já liberto das aflições que os desejos tormentosos lhe impõem como jugo escravagista e devastador.

Trilhando o caminho da iluminação, o Espírito, no corpo ou fora dele, alcança facilmente o desiderato que o aciona a prosseguir, o *deus interno* que lhe fala sem palavras e age sem imposições, auxiliando-o a romper a casca grosseira do primitivismo que se oculta, para alcançar a esplendorosa região de paz que lhe está destinada.

São muitos os caminhos...

Santo André – São Paulo, 2 de junho de 1997.

MANANCIAL
(Fig.) O que é considerado princípio ou fonte abundante de algo.

ECLOSÃO
Ato ou efeito de eclodir (abertura do que estava preso, contraído, fechado; desabrochamento).

JUGO
(Fig.) Sujeição imposta pela força ou autoridade; opressão.

DESIDERATO
O que se deseja; aspiração, desideratum.

3

DESAFIOS AO IDEAL

A perseverança, em qualquer realização superior, exige vasta cópia de resistência contra o desânimo e todos os demais agentes de perturbação que conspiram vigorosamente em favor do abandono do empreendimento abraçado.

Não é diferente quando se está envolvido pelos ideais grandiosos do bem, que pretendem instalar na Terra o período da paz e do progresso.

Surgem, a cada instante, os desafios vigorosos que se apresentam com características diferenciadas; no entanto, sempre conspirando contra a tenacidade do lídimo lutador.

São as incompreensões dos que se comprazem na inutilidade e não permitem que outros realizem aquilo que eles justificam ser impraticável ou impossível de executado; os observadores destrutivos, que se caracterizam pela óptica da censura e da interpretação doentia de tudo quanto defrontam, e não fazem; os agressores sistemáticos, cuja língua ferina ou pena cruel sempre são colocadas a serviço dos que invejam, mas preferem não se movimentar, mantendo a atitude de críticos inveterados e apedrejadores insensíveis... E multiplicam-se os obstáculos que se antepóem às propostas da edificação enobrecedora.

TENACIDADE
Grande persistência; perseverança, afinco.

LÍDIMO
Reconhecido como legítimo, autêntico.

FERINO
(Fig.) Sem piedade; cruel, desumano, mau.

INVETERADO
Que contém arraigado em si, por obra do tempo, determinada maneira de ser, determinado hábito (diz-se de pessoa).

Esses, porém, são os mais fáceis adversários de qualquer ideal, porquanto veem de fora e têm o valor que se lhes atribua, não merecendo maior consideração.

Há, no entanto, outros que são mais graves e difíceis de superados, porque permanecem no mundo íntimo do próprio idealista.

Trata-se da imensa gama de paixões inferiores que remanescem do período primitivo por onde o ser transitou no seu processo de elevação. Impregnados no seu âmago, tornam-se-lhe uma *segunda natureza*, exteriorizando-se como necessidades que, não atendidas, entorpecem os sentimentos e *coagulam* a lucidez, tornando-se vigorosos combatentes do lado equivocado.

Vivendo na intimidade do indivíduo, apresentam-se com naturalidade e repontam com frequência, mesmo quando crê haver-se liberado do jugo que lhe é imposto.

Insinuando-se com morbidez, são sutis e perigosos, mantendo largo convívio com a personalidade que dominam, insistindo, quando combatidos, em razão da presença constante nos hábitos em que estão enraizados.

Indispensáveis se tornam a atitude vigilante e a tenacidade em relação aos objetivos a alcançar, considerando-se que essa batalha íntima não tem testemunhas nem quartel, sendo de demorado curso, cuja gratificação somente será percebida quando livre do pernicioso jugo.

Esses desafios constituem as fraquezas humanas, que devem ser superadas com todo o empenho, de forma que se instalem outros valores, aqueles que contribuem para a felicidade sem jaça.

❀

O apóstolo Paulo, que se empenhara totalmente na propagação do Evangelho e na sua vivência, confessou que lhe foi

---

GAMA
(Fig.) Série ou sucessão contínua de ideias, hipóteses, sentimentos etc.

REMANESCER
Subsistir como sobrevivente, sobra, resto etc.; sobrar.

ÂMAGO
(Fig.) A parte mais profunda ou entranhada de um ser; alma, imo.

COAGULAR
Perder a fluidez, transformar-se em massa ou sólido.

REPONTAR
Vir aparecendo de novo.

MORBIDEZ
Tendência a sentimentos de depravação e perversidade; gosto doentio por perversões.

QUARTEL
Aquilo que oferece amparo, descanso; abrigo, guarida, proteção.

JAÇA
(Por ext.) Mácula; desdouro.

"posto na carne um espinho",[1] graças ao qual sofria o esbofetear constante, evitando que se ensoberbecesse, derrapando em comprometimentos mais graves.

O idealista comum, no entanto, traz os espinhos das imperfeições que deve superar, em razão da procedência menos digna de onde vem deambulando.

Desse modo, são inevitáveis os desafios externos assim como os internos.

Os amantes do bem em todas as épocas experimentaram a crueza dos seus coevos, a hostilidade dos seus competidores, a hediondez que predominava em cada período que eles vieram modificar. Igualmente sofreram os rudes testemunhos interiores, quando lutando contra a inferioridade, as tendências negativas, as tentações que os espicaçavam.

Ninguém transita poupado pelo campo da autoiluminação. Enquanto não se lhe instalem as claridades íntimas, a permanência da treva da ignorância propicia-lhe oportunidade para a manifestação dos agentes destrutivos.

Galvani foi ridicularizado como *mestre da dança das rãs*; Pasteur foi apelidado de *caçador de bichinhos voadores*; Darwin foi alcunhado de *alma impenitente* e assim por diante.

Não menos anatematizados viveram os heróis da fé, aqueles que se entregaram a Deus e modificaram o comportamento, sendo apodados como *loucos*, porque renunciaram aos prazeres imediatos do mundo terrestre, que substituíam pelos de ordem transcendente.

Todos eles sorveram a taça de fel da amargura e do ridículo que lhes impunham, em vãs tentativas de fazê-los desistir.

Dentre todos, tem primazia Jesus, pois que não foi poupado pelos Seus inimigos, afinal inimigos de si mesmos, que O conduziram à cruz, considerada, então, como o instrumento mais infamante de martírio existente.

---

1. Paulo – 2 Coríntios, 12:7.

ENSOBERBECER
Fazer ficar ou ficar soberbo, vaidoso; ensoberbar(-se), orgulhar(-se).

DEAMBULAR
Caminhar sem destino; passear, vaguear.

COEVO
(M.q.) Coetâneo (que ou o que é da mesma época; contemporâneo).

ESPICAÇAR
(Fig.) tornar aceso, vivo, desperto; despertar, instigar, estimular, atiçar.

ALCUNHAR
Pôr alcunha a; apelidar.

IMPENITENTE
(Por ext.) Que persiste, que se obstina no erro, no vício, no crime; contumaz no pecado; relapso.

ANATEMATIZADO
Que se anatematizou; que sofreu anátema; amaldiçoado, excomungado, maldito.

APODADO
Que recebeu apodo; que foi alvo de zombarias.

SORVER
Beber aos sorvos ou aos poucos, em pequenos goles; beber vagarosamente.

FEL
Sabor amargo; amargor, amaridão.

PRIMAZIA
Primeiro lugar; primeira colocação.

MARTÍRIO
Grande sofrimento, grande aflição.

ÓBICE
Aquilo que obsta, impede; empecilho, estorvo.

LABOR
Trabalho, faina, esp. tarefa árdua e demorada.

Assim, é natural que repontem óbices, desafios, dificuldades que constituem, na vivência do ideal, estímulo para o prosseguimento do labor e teste de avaliação da qualidade de que ele se reveste.

Não seja, pois, de estranhar a aspereza dos caminhos a percorrer, quando se está vinculado ao bem, com os olhos postos no futuro melhor da Humanidade.

❁

INTIMORATO
Não timorato, que não sente temor; destemido, valente.

Toda vez que defrontes desafios pelo teu caminho iluminativo, avança intimorato, guardando a certeza de que eles te constituem bênção, se os souberes enfrentar.

Não aguardes compreensão nem aplauso no desiderato a que te entregas, porquanto o valor das homenagens e destaques desaparece com a disjunção molecular do corpo somático, que se transforma na intimidade do túmulo.

DISJUNÇÃO
Ato ou efeito de disjungir; separação, desunião.

LOCUPLETAR
Tornar(-se) cheio; cumular, encher(-se); abarrotar(-se).

Se aspiras realmente a servir e a edificar, prepara-te para viver o objetivo, enfrentando aqueles que ainda se locupletam na dominação arbitrária e nas paixões asselvajadas do atraso moral.

ASSELVAJADO
Com aparência e/ou modos selvagens; rude, abrutalhado.

...E, diante dos problemas interiores que te perturbam, mantém-te sereno, trabalhando cada um deles e ampliando os teus horizontes de amor, a fim de que cresças e te libertes de ti mesmo, na conquista da tua iluminação.

Santo André – São Paulo, 3 de junho de 1997.

4

INTREPIDEZ MORAL

O homem e a mulher de bem, que aspiram a um ideal superior, nunca trepidam em pô-lo em prática.

Reconhecem que são muitos os óbices a vencer, mas também sabem que a compensação em forma de bem-estar é superior a todos os labores que desenvolverem.

Permanecem inalterados, quando tudo se modifica à sua volta, gerando dificuldade e dissabor, conscientes de que a sua é a tarefa de melhorar as condições reinantes e abrir perspectivas dantes não conhecidas.

Muitas vezes, são considerados sonhadores e aventureiros; no entanto, conhecem aquilo a que aspiram e não se preocupam com o conceito em que são tidos, mas sim com os objetivos que trazem em mente.

Enfrentam reveses que os não desanimam; antes, mais os fortalecem, constituindo-lhes mecanismo de valorização do ideal que deve ser conquistado.

Realistas, não se deixam arrebatar por ilusões que empanam a claridade mental, colorindo de fantasias a existência.

Não têm pressa, no sentido de antecipar os acontecimentos, todavia possuem lucidez suficiente para entender e

TREPIDAR
Revelar hesitação (nas ações); vacilar, titubear.

DISSABOR
Sentimento de desconforto ou desagrado; desprazer, aborrecimento, contrariedade.

DANTES
No passado; antigamente, outrora.

REVÉS
Fato, acontecimento imprevisto que reverte uma situação boa para má; infortúnio, revertério.

ARREBATAR
Atrair ou sentir-se atraído; encantar(-se).

EMPANAR
Tirar ou perder o brilho; conspurcar(-se), deslustrar(-se), macular(-se).

ELUCIDAR
Tornar(-se) claro; esclarecer(-se), explicar(-se).

INTREPIDEZ
Qualidade de intrépido; arrojo, bravura, coragem, intrepideza.

VERBALISMO
Repetição de palavras sem atenção ao seu conteúdo; psitacismo.

IRRADIAR
Difundir(-se); propagar(-se).

ESTOICO
Que ou aquele que é rígido, firme em seus princípios.

UTILITARISMO
Teoria desenvolvida na filosofia liberal inglesa, esp. em Bentham (1748-1832) e Stuart Mill (1806-1873), que considera a boa ação ou a boa regra de conduta caracterizáveis pela utilidade e pelo prazer que podem proporcionar a um indivíduo e, em extensão, à coletividade.

MEDRAR
Ir aumentando, ganhar corpo, desenvolver-se, avolumar-se.

VIGENTE
Que está em vigor; que vigora; que vige.

VICEJAR
(Fig.) Manifestar-se com força e copiosamente.

usar o conhecimento que elucida existir um tempo para plantar a semente de luz e vê-la desabrochar como sol poderoso vencendo a noite da ignorância.

Sua intrepidez moral consegue tornar-se respeitada, gerando simpatia onde se exterioriza, atraindo adeptos para os seus planos, mais pelos atos do que mediante o verbalismo dourado e vazio de feitos.

Não se queixam, não acusam, diferindo-se das demais pessoas pela paciência e coragem com que permanecem fiéis, demonstrando otimismo e irradiando bondade, que se lhes tornam as características de identificação.

Ajudam todos indistintamente e o seu é o combate estoico pelas causas nobres que os fascinam.

Em uma sociedade que se apresenta como egoísta, salvadas as exceções existentes, vivendo do utilitarismo imediatista, parece não haver lugar para o homem e a mulher de bem. No entanto, é exatamente nesse campo difícil onde devem medrar os sentimentos de dignificação e solidariedade humana, desde que alterado o contexto vigente, de forma que se modifiquem as paisagens conhecidas, graças ao amanhecer do seu idealismo puro.

Fortalecidos pela convicção que neles viceja, destacam-se sem ofuscar ninguém, produzem sem prejuízo de outrem, avançam sem esmagar quem quer que seja.

A todos concedem os direitos que a si mesmos se permitem e não param nunca.

❁

Ei-los em toda parte, construindo o mundo novo de amor e de paz que todos desejam, mas nem todos se encorajam a realizar.

Tornam-se líderes autênticos e comandam grupos ordeiros que se formam à sua volta.

Alguns se celebrizaram, como Sócrates, Jesus, Agostinho, Tycho Brahe, Newton, Rembrandt, René Descartes, Voltaire, Allan Kardec, Pasteur, Darwin, Marie Curie, Gandhi e muitíssimos outros que assinalaram as épocas em que viveram, produziram e brindaram a Humanidade.

Muitos contribuíram com o sacrifício da própria vida, a fim de que os seus ideais fossem vitalizados pelo exemplo de renúncia e de abnegação, assim como de total desinteresse egoístico. Outros prosseguiram amados sem maiores sofrimentos, deixando as marcas da sua passagem nas mentes e nos corações de todos quantos os seguiram.

Um número infinito, porém, de homens e mulheres de bem está no silêncio da multidão, erguendo-a do caos, melhorando-lhe as propostas existenciais, as condições de vida, os mecanismos de trabalho, aglutinando as forças para o progresso, desenvolvendo ações relevantes.

Ouve-se, porém, é certo, o ruído dos homens maus, instáveis, perturbadores, que comandam grupos de agitadores e enfermos morais, que estertoram e provocam calamidades econômicas, sociais, éticas e desarmonizam as mentes e os corações sob os seus apelos de desordem e de vacuidade.

São, todavia, transitórios os seus reinados, e eles constituem minoria, certamente dominadora, em razão da indiferença daqueles que se creem bons, mas ainda não o são. Quando se tornarem realmente bons, abandonarão a comodidade ociosa e inútil, os interesses de cunho pessoal e passarão a viver de forma diferente, ativa, produtora...

Aparentemente, há o predomínio da maldade e da desordem no mundo, que parecem submeter os homens e as mulheres idealistas.

Sucede que a valorização momentânea pelo que choca em razão do cansaço que se deriva do gozo do que agride, do

BRINDAR
Oferecer(-se) dom ou brinde; presentear(-se).

AGLUTINAR
Pôr junto ou juntarem--se (coisas diversas); reunir(-se).

ENFERMO
Que ou aquele que se encontra doente, achacado.

ESTERTORAR
Agonizar, arquejar.

OCIOSO
Que não dá resultados positivos; improdutivo, improfícuo, estéril.

DERIVAR
Ser proveniente; ter origem; proceder.

diferente, provoca entusiasmo doentio, para logo passar, cedendo lugar ao que conforta, encoraja e dignifica.

O ser humano está destinado à glória de si mesmo, à conquista do seu universo interno, da mesma maneira que vem conseguindo dominar o exterior...

Os casos de destaque na predominância do que aberra, entristece e amedronta são excrescências da grande massa, que não deveriam merecer consideração nem comentário, desaparecendo no foco do seu próprio nascimento. Simultaneamente, dever-se-iam divulgar os exemplos de trabalho e de desenvolvimento dos valores morais aplicados na construção de novos projetos de bem-estar e de felicidade humana.

❀

A inteireza moral é o compromisso com a vida melhor que deverá ser construída por todo aquele que se encontra libertado das paixões infelizes e descobriu que a sua é uma existência corporal transitória, em marcha para a realidade do Espírito, que é eterno.

Todos aqueles que, por uma ou outra circunstância, ainda não se descobriram capazes de empreender essa luta enobrecedora, esforcem-se desde já, iniciando-a através de pequenos projetos de melhoria íntima, de transformação pessoal para a conquista das virtudes e, sem autopunição – em razão dos erros cometidos ou expectativa de facilidade em face da beleza de que se reveste o ideal novo –, insistam no objetivo que se lhes apresenta, adquirindo inteireza moral para chegar até o fim.

Araraquara – São Paulo, 4 de junho de 1997.

ABERRAR
Ser ou tornar-se diferente, anormal, insólito.

EXCRESCÊNCIA
Ponto que se eleva acima da superfície; saliência, proeminência.

5

CURAS

Dentre as aflições que visitam o ser humano durante a experiência evolutiva, as enfermidades assumem proporções expressivas, em se considerando a fragilidade da maquinaria orgânica que lhe serve de domicílio, assim como as condições morais e espirituais em que estagia.

Em face do desconforto proporcionado pelas doenças, há um anelo natural e quase obsessivo pela conquista da saúde, através da qual o sofrimento ceda lugar ao equilíbrio das energias e, por consequência, consiga-se a ambicionada felicidade.

ANELO
Desejo intenso; anelação, anélito, aspiração.

Acredita-se, equivocadamente, que a ausência das enfermidades produz a plenitude, sem que se dê conta dos diversos fatores indispensáveis para a instalação dela.

PLENITUDE
Estado do que é inteiro, completo; totalidade, integridade.

Não poucas vezes, quando se está com o organismo em equilíbrio relativo, busca-se o prazer desenfreado e o desgaste desnecessário da organização psicofísica, utilizando-se equivocadamente das funções para o imediato desfrutar dos favores que decorrem das sensações.

A imaturidade psicológica responde pelo desconhecimento do que realmente é plenitude, estabelecendo paradigmas que não correspondem à sua realidade.

PARADIGMA
Um exemplo que serve como modelo; padrão.

A questão fica, portanto, a exigir nova óptica de entendimento a respeito da vida e dos seus objetivos, que se ampliam além das necessidades do ser biológico, para alcançar o Espírito como entidade predominante no arquipélago material em que momentaneamente transita.

ARQUIPÉLAGO
(Fig.) Conjunto; grupo de maior ou menor extensão.

A causa de todos os acontecimentos na esfera da existência humana se encontra no passado do próprio ser, seja o recente, seja o mais remoto, já que ele é o construtor da sua realidade por meio dos pensamentos que elabora, que verbaliza e que transforma em ações.

A simples cura dos efeitos ou suspensão deles de forma alguma produz o resultado esperado, já que novos distúrbios se apresentam e passam a expressar-se em forma de desconforto e sofrimento.

Somente a erradicação dos fatores causais consegue a real mudança do quadro de acontecimentos na esfera do bem-estar humano.

❀

Há portadores de enfermidades graves que se sentem tranquilos, enquanto outros indivíduos, que desfrutam de saúde e harmonia orgânica, debatem-se em problemas diferentes que se lhes apresentam como provações de difícil condução.

O ser humano é muito complexo e suas necessidades são mui diversas. Aquilo que para alguém é ventura, para outrem não passa de realização de pequena monta.

MUI
(M.q.) Muito.

VENTURA
Boa sorte, fortuna favorável, dita.

MONTA
(Fig.) Importância, valor, interesse.

Desse modo, a preocupação real deve centrar-se na busca da equação dos problemas que respondem pelos acontecimentos que têm lugar na esfera do comportamento pessoal. A resposta para o desafio somente se encontra na conscientização das responsabilidades que lhe cumpre realizar durante o processo de crescimento interior.

Compreende-se que o enfermo procure a recuperação da saúde; no entanto, faz-se-lhe indispensável que se aplique à manutenção do quadro dos valores morais que lhe são fundamentais para a preservação dela. Ademais, encontrando-se em condição de endividado espiritual perante as leis que regem a existência humana, é-lhe exigido um esforço para erradicar as causas geradoras das doenças.

ERRADICAR
Eliminar, extirpar.

A busca desenfreada de soluções mágicas torna mais difícil a aquisição do equilíbrio – sejam elas as que decorrem da Medicina acadêmica ou homeopática, sejam as alternativas, entre as quais podemos incluir as de origem mediúnica –, gerando ansiedade e perturbação.

Mesmo quando, por uma ou outra razão, consegue-se modificar o quadro orgânico, atenuar os efeitos das doenças ou alterar o quadro das aflições para melhor, se não houver uma consciente conquista de valores éticos, passa-se de um para outro estado de desespero, sem que a saúde real se estabeleça.

O indivíduo tem deveres para consigo mesmo que não pode desconsiderar, quais sejam: disciplina mental, moral, educação dos instintos, autotransformação, burilamento das tendências que permanecem como atavismos das experiências anteriores, cultivo das ideias felizes, atividades de enobrecimento pessoal e social, trabalhando arduamente para modificar as estruturas da comunidade onde vive mediante a própria renovação.

BURILAMENTO
(Fig.) Tornar mais apurado; aprimorar, aperfeiçoar.

As enfermidades têm um caráter educativo. Somente ocorrem quando o indivíduo necessita de um corretivo, de reflexão ou oportunidade para ensinar aos demais como enfrentar dificuldades com os olhos postos nos ideais relevantes.

A dor-provação constitui resgate para o Espírito. Há, não obstante, a dor-lição de vida, aquela que assinala os grandes vultos da Humanidade, que já não estariam sujeitos ao impositivo dos ressarcimentos.

Jesus é sempre o exemplo máximo, porquanto sofreu sem ter qualquer compromisso com a retaguarda.

Seguindo-Lhe as pegadas, Francisco, o Pobrezinho de Assis, é igualmente outra demonstração de sofrimento por amor, confirmando que a fibra moral não se enfraquece quando as dores se expressam, antes mais se revigoram.

❦

PROPELIR
(Fig.) Dar um impulso em; estimular, impulsionar.

A lógica e a razão propelem o ser humano a buscar alívio para suas enfermidades, lutando em favor da cura que lhe acena alegria e paz, no entanto se torna indispensável não ser esquecido o impositivo da transformação moral, a fim de que nada venha a acontecer de forma que lhe piore a situação.

O Mestre, sempre que auxiliava os enfermos do corpo como da alma, tinha o cuidado de os advertir que *não voltassem a pecar*, assim evitando o retorno da aflição com maior carga de desencanto e desgaste.

PLANALTO
Superfície elevada e plana, ou com poucas ondulações, entalhada por vales encaixados, o que supõe uma certa altitude acima do nível do mar.

ENVIDAR
Dedicar-se com afinco; empenhar-se, esforçar-se, aplicar-se.

O ser humano está fadado à glória estelar. Atingi-la depende exclusivamente do empenho que de si se exija, não desfalecendo e tendo sempre em mente que a conquista do planalto é mais difícil do que a descida ao abismo.

A cura verdadeira, portanto, decorre do esforço que o paciente envide para recuperar-se do débito, adquirindo valores novos que o defendam de futuros sofrimentos, o que nem sempre ocorrerá durante a sua atual vilegiatura carnal, se tiver em conta que a sua enfermidade possui um caráter expiatório, desse modo, um impositivo compulsório para a autossuperação.

VILEGIATURA
Temporada de recreio, repouso, férias que se passa fora dos centros urbanos, no campo, praia ou balneário.

EXPIATÓRIO
Relativo à expiação (meio usado para expiar(-se); penitência, castigo, cumprimento de pena; sofrimento compensatório de culpa).

Campinas – São Paulo, 5 de junho de 1997.

6

CONFLITOS SEXUAIS

O ser humano é constituído por equipamentos mui delicados, em uma engrenagem complexa que deslumbra as mentes mais aguçadas que se debruçam sobre a sua organização, sem entender as miríades de implementos que se apoiam uns nos outros, a fim de que funcionem corretamente em perfeita harmonia.

Autossuficientes e ao mesmo tempo interdependentes, os órgãos apresentam incomparável ajustamento de peças que trabalham isolada e conjuntamente, de modo que o corpo todo se apresente em condições de exercer as funções para as quais foi concebido e realizado.

Exercendo com excelente precisão as suas finalidades, as glândulas de secreção endócrina são responsáveis, em grande parte, pela harmonia do conjunto, em razão dos hormônios que secretam, ora estimulando as células, em momentos outros bloqueando excessos e encarregando-se de manter todas as partes da máquina em harmônica coordenação, graças também aos neurônios cerebrais e às enzimas, às cerebrinas e outras substâncias.

Comandando toda essa extraordinária maquinaria, o Espírito é o agente responsável pelas ocorrências em todos os seus

CONSTITUÍDO
Que se constituiu; formado, pronto.

DESLUMBRAR
(Fig.) Encher(-se) de admiração (por algo que impressiona pelas suas qualidades superiores ou raras), causar encantamento em; fascinar(-se), maravilhar(-se), seduzir(-se).

MIRÍADE
(Fig.) Quantidade indeterminada, porém considerada imensa.

ENDÓCRINO
Relativo a ou próprio de glândula, esp. de secreção interna; endocrínico.

SECRETAR
Produzir (secreção); segregar, expelir, excretar.

ENZIMA
Cada uma das proteínas produzidas por seres vivos e capazes de catalisar reações químicas.

CEREBRINA
Matéria lipoide que se encontra especialmente na substância branca do cérebro.

departamentos, irradiando-se pelas moléculas que lhe constituem as células.

Herdeiro das experiências de multifárias reencarnações, imprime, no instrumento orgânico de que necessita para evoluir, as necessidades em forma de limitação ou capacidade, de tormento ou paz, de acordo com as conquistas anteriormente realizadas.

Vinculado ao atavismo sexual responsável pela reprodução, que o acompanha desde priscas eras no processo do desenvolvimento e *perpetuação* da forma, conduz as funções genésicas que lhe são essenciais, com os gravames ou a elevação que tenha praticado nas vivências passadas.

Dessa forma, o sexo encontra-se instalado no corpo como aparelho de reprodução, tendo, porém, as suas matrizes nos refolhos da alma, de onde procedem os desejos e inspiração para o comportamento.

Pela alta magnitude de que se reveste a sua função, todo abuso e uso inadequado produz desequilíbrio que exige imediata reparação, já que ele responde poderosamente pelo equilíbrio do conjunto.

Vinculado diretamente às fontes do pensamento, reage conforme as cargas mentais que lhe são dirigidas, comportando-se de acordo com as aspirações e anelos cultivados.

Primordialmente, tem como finalidade a reprodução do corpo, cuja organização é modelada pelo perispírito sob o comando do Espírito.

Secundariamente, responde pelas contribuições de hormônios que produzem sensações e emoções de que necessita a criatura.

Cuidar da sua função e finalidade, do seu comportamento e direção é a tarefa que se deve impor todo aquele que aspira aos ideais de enobrecimento e que trabalha pela autoiluminação.

❋

MULTIFÁRIO
Que se apresenta variado, de muitos modos e maneiras; multímodo.

PRISCO
Que pertence a tempos idos; antigo, velho, prístino.

GENÉSICO
(M.q.) Genético ('relativo a gênese').

GRAVAME
Encargo; obrigação.

REFOLHOS
As partes mais profundas, mais secretas da alma.

PERISPÍRITO
O laço ou perispírito, que prende ao corpo o Espírito, é uma espécie de envoltório semimaterial. A morte é a destruição do invólucro mais grosseiro. O Espírito conserva o segundo, que lhe constitui um corpo etéreo, invisível para nós no estado normal, porém que pode tornar-se acidentalmente visível e mesmo tangível, como sucede no fenômeno das aparições.

O sexo, em si mesmo, é neutro. A direção que lhe é oferecida encarrega-se de produzir as ocorrências de que se faz intermediário.

Automaticamente, graças ao instinto, manifesta-se sem o impositivo da mente. No entanto, é sempre acionado quando o pensamento o desperta para as funções a que vai convocado.

Colocado na sua verdadeira atividade e sob controle do pensamento educado, torna-se poderoso instrumento de elevação e desenvolvimento do ser humano, que nele encontra apoio e força para a concretização dos projetos superiores que traz do Mundo espiritual.

Vilipendiado pelo abuso, vulgarizado pela insensatez, transforma-se em algoz atormentador, que desequilibra aquele que o trata sem consideração nem respeito.

Mantido em segurança, mediante a vigília moral, torna-se fonte geradora de energias que capacitam os lutadores para a desincumbência dos misteres a que se afeiçoa.

Corrompido pela mente viciada e açodado pelos desejos impudicos, enfraquece-se e desconcerta os sutis *bites* eletrônicos que conduzem as valiosas *informações* pelo sistema genésico, dando surgimento a dilacerações especiais, que comprometem o ser, empurrando-o para futuras reencarnações de provas ásperas ou expiações mortificadoras, através das quais são reparados os delitos perpetrados.

De qualquer limite, dificuldade ou problema na área sexual, as raízes se encontram na conduta do ser em anteriores existências, exigindo reparação e controle.

Novos deslizes no comportamento atual significam danos mais graves a serem recuperados com dificuldades mais extenuantes.

O sexo não é a vida em si mesma, por isso a vida vale mais do que as sensações do imediatismo sexual.

VILIPENDIAR
Considerar (algo ou alguém) como vil, indigno, sem valor; aviltar, rebaixar.

ALGOZ
Indivíduo cruel, de maus instintos; atormentador, assassino.

DESINCUMBÊNCIA
Cumprimento de obrigação ou missão.

MISTER
Tarefa que se deve realizar; incumbência, serviço.

AFEIÇOAR
Fazer adquirir ou adquirir o hábito de; familiarizar(-se) com; acostumar(-se), afazer(-se).

AÇODADO
Que se instigou; provocado, incitado.

IMPUDICO
Que ou o que é impudente, lascivo, luxurioso, sensual.

DESCONCERTAR
Fazer perder ou perder o concerto, a ordem, a harmonia.

BITE
Algarismo do sistema binário que somente pode assumir as formas 0 ou 1.

PERPETRADO
Realizado, cometido, praticado.

Aparelho valioso, como tantos outros do conjunto físico, deve ser atendido com critério e oportunidade, evitando-se exaustão ou abandono, paixão ou desinteresse, aprisionamento ou castigo injustificáveis.

Criado por Deus para servir de instrumento à vida terrestre, não a pode submeter aos seus desmandos, sob os estímulos da alucinação que varre o planeta nos dias *hodiernos*.

HODIERNO
Que existe ou ocorre atualmente; atual, moderno, dos dias de hoje.

Através dos séculos, tem sido responsável por momentos grandiosos da Humanidade como também por *hecatombes* colossais.

HECATOMBE
(Por ext.) Destruição, grande desgraça.

Controlado, é como uma represa que fornece energia para manter muitas vidas; *desatrelado*, é como tempestade devastadora que passa deixando desolação e morte...

DESATRELADO
Desengatado, desprendido.

❁

Se renasceste com dificuldades ou desafios na área sexual, recorre à oração e ao equilíbrio, evitando justificativas que te facultem os abismos de novos comprometimentos.

Aprende a reeducar-te, encontrando diferentes formas de felicidade e prazer, sem *ultrajar* a tua organização genésica nem submeter-te ao desconforto da anestesia da consciência ou da conduta cínica desafiadora, como forma extravagante de enfrentar o grupo social no qual te encontras.

ULTRAJAR
Ofender gravemente a dignidade de; afrontar, desonrar, insultar.

Nunca te esqueças de agir com *pudor* e respeito por ti mesmo.

PUDOR
Sentimento de vergonha, timidez, mal-estar, causado por qualquer coisa capaz de ferir a decência, a modéstia, a inocência.

Equilibra as tuas aspirações e mantém-te na linha da paciência em relação ao problema que te visita, evitando que se transforme em tormento.

Não creias que, liberando as cargas do desejo insano e *infrene*, reconfortar-te-ás, reequilibrando-te.

INFRENE
Imoderado, nada contido; destemperado, desordenado.

Prazer fruído, necessidade de prazer novo.

Sensação esfogueante e apaixonada, desejo que retorna, logo se renovem as forças.

Somente a conduta de paz e de amor para contigo mesmo e para com o sexo poderá facultar-te harmonia, que pode demorar um pouco, mas que, chegando, jamais te abandonará.

Campinas – São Paulo, 6 de junho de 1997.

7

SABER OUVIR

Na área da comunicação oral entre as pessoas, a arte de bem ouvir é das mais difíceis de ser vivenciada.

Há uma sofreguidão generalizada para falar, mesmo quando os assuntos se apresentam destituídos de conteúdo aproveitável e de forma escorreita.

Parece que o ato de falar, embora desordenadamente, caracteriza-se como afirmação da personalidade, exteriorização de cultura, conquista de espaço social, catarse de problemas...

A loquacidade sem propósito inunda os salões de festas, os lugares de trabalho, os veículos de condução, os encontros, as recreações, apesar de quase sempre não dizer nada.

Em razão disso, a grande maioria deixou de ouvir com atenção ou interesse aqueles que falam.

Como predomina a volúpia para falar, escasseia a sinceridade quanto ao ouvir.

Necessário, no entanto, que aquele que fala cuide do assunto a ser exposto, e faça-o com simplicidade, evitando tomar em demasia o tempo do seu interlocutor, respeitando-lhe as opiniões e mantendo um timbre de voz agradável, sem agressividade, sem pieguismo nem dramaticidade dispensável.

SOFREGUIDÃO
(Por mtf.) Desejo ou ambição de conseguir sem demora alguma coisa; ansiedade, avidez, impaciência.

ESCORREITO
Que não tem defeito, falha ou lesão.

CATARSE
Libertação, expulsão ou purgação do que é estranho à essência ou à natureza de um ser e que, por isso, o corrompe.

LOQUACIDADE
(Pej.) Verbosidade exagerada; loquela, verborreia.

VOLÚPIA
Grande prazer dos sentidos e sensações.

DEMASIA
O que está em excesso; o que ultrapassa a média ou o bom senso.

PIEGUISMO
(M.q.) Pieguice; modos, atitudes próprias de piegas.

A naturalidade, mesmo quando a emoção irrompe, é o mais poderoso *élan* para despertar o interesse daquele que escuta.

ÉLAN
(M.q.) Elã; entusiasmo criador; inspiração, estro.

Uma abordagem honesta sobre qualquer assunto provoca sempre simpatia, facultando um intercâmbio saudável.

A palavra é instrumento poderoso que vem sendo mal utilizada, a prejuízo da cultura, dos relacionamentos humanos, do intercâmbio entre os indivíduos e as nações.

Parlamentando-se com respeito e educação, podem-se solucionar questões graves e delicadas em qualquer área do comportamento humano.

PARLAMENTAR
Fazer negociações, conversar em busca de um acordo.

✻

Quando honrado com a necessidade de alguém que tenha algo a dizer-te, *cuida* de ouvir com simpatia.

CUIDAR
Reparar, atentar para, prestar atenção em.

Evita interromper aquele que te fala, completando-lhe o pensamento, antecipando-lhe palavras, nem sempre com acerto. A sua indecisão pode decorrer de vários fatores, como a timidez, os conflitos íntimos, a dificuldade de expor o pensamento.

Tem paciência, reservando-lhe o tempo necessário para apresentar-te a ideia, o pedido de orientação e de ajuda, para libertar-se da opressão do drama que o *aflige*.

AFLIGIR
Causar aflição a (alguém) ou atormentar-se; torturar(-se), apoquentar(-se).

Demonstra simpatia na face, exteriorizando interesse, ao invés do enfado, em razão do tema parecer cansativo ou sem maior significado para ti.

Certamente, um assunto que se apresenta como secundário para alguém pode ser de relevância primordial para quem o comenta.

Quando convidado a opinar, expressa com bondade aquilo que *deduzes*, buscando sempre ajudar, nunca aumentando o peso das preocupações, acusando seja a quem for ou estimulando a *consciência de culpa*.

DEDUZIR
Concluir (algo) pelo raciocínio; inferir.

Se não tiveres uma proposta melhor a oferecer, dize-o com sinceridade, mas faze-te solidário mediante um sorriso de simpatia, palavras estimulantes, espírito de companheirismo.

Não faças perguntas embaraçosas quando a questão te seja apresentada de forma nebulosa. O que te não foi dito poderá constranger o narrador, caso se veja convidado a detalhar situações delicadas ou perturbadoras.

NEBULOSO
Ambíguo, obscuro, enigmático.

Ouve mais do que fales, contribuindo com a amizade para atenuar o problema, facultar a visão de novos horizontes, proporcionar alegria.

Quando o tema se alongar desnecessariamente, repetitivo, sem sentido, dize ao outro que entendes o que te quer expor, mas é necessário abandonar as províncias da queixa, da lamentação, da reclamação, da autopiedade, das acusações...

PROVÍNCIA
Divisão ou parte de alguma coisa.

A arte de ouvir é também a ciência de ajudar, e não será pelo muito falar que o objetivo será alcançado.

Jesus, como Psicoterapeuta Excelente, ouviu com respeito para responder com segurança.

No episódio da mulher surpreendida em adultério, Ele ouviu a acusação do delito que lhe imputavam, para responder, com sobriedade e energia, a frase que se celebrizou: "Todo aquele que estiver sem culpa atire-lhe a primeira pedra".

IMPUTAR
Atribuir (a alguém) a responsabilidade de (algo censurável); assacar.

Sempre agiu dessa forma.

Ouvia em paz até mesmo as provocações, as ofensas e os doestos que Lhe eram endereçados, sem deixar-se afetar, redarguindo, no momento próprio, com o verbo que desperta para a verdade, que ajuda e que contribui para o bem.

DOESTO
Acusação desonrosa que se lança a outrem; descompostura, injúria, insulto.

REDARGUIR
Dar resposta, argumentando.

Ouve, portanto, conforme gostarias que te escutassem, caso sejas aquele que deseja expor.

São Paulo – São Paulo, 7 de junho de 1997.

8

INSATISFAÇÃO

A predominância dos atavismos do instinto sobre a realidade espiritual do ser responde pela desmedida ambição, que o leva, não poucas vezes, a estados desesperadores de continuada insatisfação.

A eleição dos prazeres exorbitantes em detrimento das aspirações superiores do bom e do belo conduz invariavelmente ao desencanto, à frustração a que se entrega, desequipado dos tesouros morais relevantes, que são o antídoto eficaz para os estados de perturbação e desencanto.

DETRIMENTO
Dano moral ou material; prejuízo, perda.

Em razão dessa necessidade de gozo intérmino, entrega-se à desesperada caça pelo poder – econômico, social, político, cultural, racial, artístico –, mediante o qual pode transferir-se com facilidade de uma para outra situação de gozo, sem o contributo do sacrifício. Como, porém, o prazer de ordem material é sempre breve, toda vez que conquista um patamar de satisfação, logo deseja transferir-se para outro, mantendo a ilusão de que a meta próxima é sempre mais compensadora do que aquela que foi alcançada.

Ao invés de considerar a brevidade do corpo e aproveitá-la para as emoções superiores, as que permanecem com duração infinita, atira-se, inconsequente, no sorvedouro das

SORVEDOURO
Turbilhão, voragem.

VACUIDADE
Vazio moral intelectual, ou de espírito; sensação de ausência de valor, de sentido em si ou fora de si.

UTILITARISTA
Relativo ao ou próprio do utilitarismo (teoria desenvolvida na filosofia liberal inglesa, esp. em Bentham (1748-1832) e Stuart Mill (1806-1873), que considera a boa ação ou a boa regra de conduta caracterizáveis pela utilidade e pelo prazer que podem proporcionar a um indivíduo e, em extensão, à coletividade).

MATERIALISTA
Diz-se de ou pessoa que só procura satisfação ou compensações em coisas materiais.

diferentes experiências, acreditando que o seu será um tempo indeterminado na carne, até o momento quando é convidado a reflexões pelo sofrimento ou pela própria vacuidade.

A alternativa para esse estado de coisas é a educação. Não, porém, a exclusiva educação acadêmica, que se encarrega de auxiliá-lo a discernir, a adquirir cultura, oferecendo, às vezes, a visão utilitarista-materialista para conquistar o mundo, cujo fim alcançado o preencheria intimamente...

Referimo-nos, porém, à educação moral, aquela que é trabalhada pelo Espírito e fixa-se nos refolhos do ser.

Allan Kardec, aprofundando a questão dos valores morais, teve oportunidade de acentuar em *O Livro dos Espíritos*, conforme se lê na questão n.º 685a, que a verdadeira educação é aquela "que consiste na arte de formar os caracteres, à que incute hábitos, porquanto a educação é o conjunto dos hábitos adquiridos". Isto, porque ninguém vive sem hábitos, que lhe constituem uma segunda natureza. E, como estes se tornam verdadeiros agentes da vida, faz-se indispensável que os hábitos adquiridos sejam superiores, dignificantes.

Esses hábitos superiores são o reflexo das aspirações elevadas, que se tornam patrimônio inalienável, desde que incorporados ao Espírito.

❁

O *homem do mundo* apenas às expressões objetivas quão imediatas da existência física atribui valor, afadigando-se por sobrecarregar-se de *coisas* com que pensa realizar-se interiormente, despertando, após possuí-las, quando tal acontece, imensamente vazio, frustrado, sem objetivo existencial, insatisfeito...

Existe, no entanto, uma insatisfação positiva, quando se aspira à conquista dos ideais verdadeiros: de paz, de beleza, de benfazer, de imortalidade.

Sendas luminosas

O lutador que se empenha na conquista da sabedoria, da tranquilidade pessoal, assim como a dos seus coetâneos, experimenta alguma insatisfação enquanto não consegue a meta, porém não se sente sem significado, perseverando com acendrado zelo pela aquisição do ambicionado.

Por extensão, todos aqueles que acalentam desejos de progresso cultural, moral, social, espiritual, porque podem servir melhor, entregar-se ao bem comum, promover o desenvolvimento geral, gerar serviço e transformar a esmola em salário, o socorro em dignificação, abrindo portas para a alegria de todos, enquanto não veem coroado de êxito o seu esforço, permanecem insatisfeitos, nunca, porém, decepcionados, esvaziados de ideal.

O ser humano está fadado à conquista do Infinito.

As sucessivas etapas de experiências, pelas quais passa, constituem-lhe o meio de alcançar as alturas da felicidade, pisando os alicerces construídos *na rocha* da verdade e do dever.

Por outro lado, os períodos iniciais de entorpecimento da consciência são substituídos por níveis mais lúcidos e enriquecedores. Essa conquista não resulta de acasos ou automatismos, mas de esforço perseverante e desafiador, no qual são investidos todos os valores do conhecimento e da vivência responsáveis pela própria ambição de liberdade, de plenitude.

Enquanto não lhe surgem os anseios de imortalidade, de autorrealização, as suas são as metas muito próximas que se consumam com rapidez e passam, deixando ressaibos de insatisfação.

A visão imortalista abre-lhe painéis dantes jamais sonhados, demonstrando-lhe que, a cada passo dado, mais ampla se lhe faz a estrada a percorrer, oferecendo-lhe dádivas que lhe eram desconhecidas.

COETÂNEO
Coevo; contemporâneo.

ACENDRAR
Aperfeiçoar(-se), apurar(-se).

ACALENTAR
(Fig.) Dar incentivo a; alimentar, nutrir.

FADADO
Que se fadou; predestinado.

ENTORPECIMENTO
Ato ou efeito de entorpecer(-se); torpor, insensibilidade, fraqueza, desânimo.

RESSAIBO
(Fig.) Vestígio, sinal.

Jesus sintetizou, de alguma forma, esse ideal a ser conseguido, quando afirmou: "A minha paz vos deixo, a minha paz vos dou. Não a dou como o mundo a oferece, mas como somente eu a posso doar".[2]

Certamente, a paz habitual é aquela que decorre do cansaço e se transforma em modorra, em bel-prazer, em indiferença pelos acontecimentos que têm lugar em torno do indivíduo.

A paz política, por sua vez, é trabalhada nos gabinetes governamentais, enquanto, não raro, ambas as partes pensam em nova guerra, aproveitando-se do interregno sem luta para mais se equiparem de armas destruidoras.

A paz que Jesus oferece é prêmio pela felicidade e pela luta de autossublimação que a criatura empreende e consegue; é coroamento de harmonia pela atividade sem quartel que objetiva o bem da Humanidade.

Ela satisfaz, realiza, liberta de novos anseios, plenifica.

Londres – Inglaterra, 8 de junho de 1997.

MODORRA
(Por ext.) Moleza, preguiça, apatia ou indolência.

BEL-PRAZER
Vontade ou prazer pessoal; escolha, capricho.

INTERREGNO
Intervalo entre dois reinados, durante o qual não há rei hereditário ou eletivo.

---

2. João, 14:27.

9

DOENÇAS

Na interação existente entre Espírito e matéria, mente e corpo, qualquer distúrbio no ser causal e logo se abrem campos para a instalação de enfermidades.

Isto, porque o Espírito emite a energia que mantém o equilíbrio da organização somática, assim como a mente irradia campos de força que se exteriorizam através do corpo.

Assinalado pelas realizações pretéritas, que se encontram ínsitas nos campos vibratórios de si mesmo, o Espírito é o fulcro de onde procedem todas as energias, que se expandem através do perispírito, correspondentes às necessidades da evolução. Como consequência, o corpo somático torna-se vulnerável à instalação das doenças, como fruto dos erros perpetrados no seu passado próximo ou remoto.

Deste modo, a enfermidade é resultado da dissonância vibratória que se origina no ser profundo, na mente, abrindo área para a manifestação dos desequilíbrios físicos, emocionais e psíquicos.

Somente a harmonia do pensamento, não cultivando ideias morbosas, pessimistas, carregadas de miasmas degenerativos, pode proporcionar a preservação da saúde. Não obstante, ocorre que, mesmo se mantendo essa harmonia íntima,

SOMÁTICO
Relativo a ou próprio do organismo considerado fisicamente; físico, corporal.

PRETÉRITO
Que não é do presente nem do futuro; situado no passado.

ÍNSITO
Que está intimamente gravado, impresso no ânimo.

FULCRO
Ponto de apoio; sustentáculo, base.

DISSONÂNCIA
(Por ext.) Falta de harmonia, discordância (entre duas ou mais coisas).

MORBOSO
Que denota doença; doentio, enfermo, mórbido.

MIASMA
Emanação a que se atribuía, antes das descobertas da microbiologia, a contaminação das doenças infecciosas e epidêmicas.

DEPERECER
Perder gradativamente a força; enfraquecer-se, debilitar-se, definhar.

MOLÉSTIA
Disfunção orgânica, ger. manifestada por uma série de sintomas; mal, doença, enfermidade.

EXPURGATÓRIO
Que expurga, limpa ou purifica.

ASSIMILADO
Absorvido, incorporado.

JAEZ
(Fig.) Natureza ou qualidade fundamental; tipo específico; conjunto de traços ou características.

INDUMENTÁRIA
O que uma pessoa veste; roupa, indumento, induto, vestimenta.

VIGER
Ter vigor, estar em vigor; ter eficácia, vigorar.

MICRÓBIO
Qualquer organismo diminuto, esp. bactéria, protozoário ou fungo patogênico.

surgem processos desgastantes, viróticos, que deperecem a constituição física, proporcionando a presença das moléstias, porque as causas desencadeadoras se encontram registradas nos recessos do ser, exteriorizando-se como impositivo reparador, de que necessita o Espírito para liberar-se das *toxinas psíquicas* que remanescem dos atos infelizes praticados.

A doença é, portanto, um mecanismo expurgatório, através do qual são eliminadas as cargas de energia perturbadora que foram assimiladas pelas ondas do ódio, da traição, do crime de qualquer jaez e permaneceram produzindo distonia interna, até expressar-se na indumentária corporal.

Enquanto vige a ordem vibratória no ser, o sistema imunológico possui recursos para defender o organismo da invasão dos micróbios e de quaisquer outros agentes de degeneração celular. O mesmo ocorre no que diz respeito ao indivíduo psíquico, porquanto compromissos graves na área moral se transformam em dolorosos processos de inquietação, em decorrência da *consciência de culpa* fixada no mundo íntimo, ou transtornos neuróticos, psicóticos e de variada denominação.

A construção do bem incessante, o cultivo das ideias dignificadoras são recursos valiosos para a preservação da saúde.

Apesar disso, existem processos de instalação de enfermidades que não têm procedência nos atos perturbadores do passado e, em tais casos, pode-se constatar que se trata de Espíritos fortes, que elegeram o sofrimento a fim de poderem ensinar resignação e coragem, preservando a alegria de viver, sem que o problema orgânico os afete.

Nesses indivíduos nunca se manifestam distúrbios na área mental, mas quase sempre apresentam organizações fisiológicas frágeis, que experimentam periódicos ou largos processos de doenças, que conseguem conduzir com tranquilidade, superando-se a si mesmos.

Sendas luminosas

Sempre que possas, age corretamente. Os teus atos são os responsáveis pela tua atual e próximas existências, porquanto ninguém pode fugir do resultado das próprias ações.

Quando se atira algo para cima, inevitavelmente retorna. Assim ocorre com a conduta humana, que permite a cada qual ser autor do próprio destino. Esta concessão torna-se justiça ilibada sob qualquer sentido considerada, porque a todos proporciona os mesmos recursos e oportunidades, mediante os quais a ascensão e a queda, a felicidade e a ruína são resultados eminentemente pessoais, intransferíveis, em absoluta igualdade de condições.

> **ILIBADO**
> Não tocado; sem mancha; puro.

Este comportamento enseja o discernir antes de agir, pensar antes de falar, cuidados com o próprio ser, estabelecendo metas de dignificação e cuidados que proporcionam harmonia e bem-estar.

> **DISCERNIR**
> Perceber claramente (algo, diferenças etc.); distinguir, diferenciar, discriminar.

Neste sentido, mesmo nos processos de doenças simples, degenerativas ou profundamente dolorosas, pode o indivíduo manter o equilíbrio que haure na oração, na irrestrita confiança em Deus, na terapia bioenergética pelos passes, pela ingestão da água magnetizada, que são valiosos recursos que se encontram à disposição de todos quantos necessitam do concurso capaz de reequilibrar a saúde.

> **HAURIR**
> Retirar (algo) de dentro de onde estava, pondo-o para fora; extrair, colher.
>
> **BIOENERGÉTICA**
> terapia que consiste em trabalhar integradamente o corpo e a mente, na tentativa de solucionar problemas emocionais.

Não existem, portanto, mecanismos enfermiços, se não existirem comprometidos negativamente com as Soberanas Leis da Vida.

Possui o ser humano, no entanto, valor para liberar-se da injunção perturbadora, utilizando-se da razão, que deve direcionar para as atitudes saudáveis, os compromissos edificantes, a construção do bem em todo e qualquer lugar no qual se encontre.

> **INJUNÇÃO**
> Influência coercitiva de leis, regras, costumes ou circunstâncias; imposição, exigência, pressão.

Quando o indivíduo se resolver pela transformação moral de si mesmo, ocorrerá a grande mudança do *planeta de provas e de expiações em mundo de regeneração*, onde não mais se

SÍSMICO
Relativo a ou causado por sismo(s) ou terremoto(s); sismal.

TELÚRICO
Relativo à Terra ou ao solo.

apresentarão as calamidades físicas e morais, sísmicas e telúricas, que tanto afligem e desgastam a Humanidade. Tais desafios são consequências da inferioridade do Espírito, que ainda necessita de tais injunções, a fim de despertar em definitivo para os valores éticos e transcendentes da vida.

Enquanto não ocorra essa conquista coletiva, cabe a cada um realizá-la no íntimo, de forma que já tenha início o grande processo de libertação no qual todos nos encontramos engajados.

ENGAJADO
Que é empenhado na defesa de determinada causa.

❋

Não se tem notícia de que Jesus jamais houvesse estado doente.

Todo o Seu ministério transcorreu com saúde integral, o que Lhe permitiu atender às massas enfermas, transmitindo-lhes energia balsâmica e curativa, que d'Ele se exteriorizava.

BALSÂMICO
(Fig.) Que reanima, que conforta.

FORNICAÇÕES
Ato sexual que não é entre cônjuges; o pecado da luxúria.

COUSA
(M.q.) Coisa.

Vigia, pois, "o coração, de onde podem proceder maus pensamentos, homicídios, adultérios, fornicações, furtos, falsos testemunhos, blasfêmias. Estas cousas são as que contaminam o homem",[3] conforme conceituação proposta por Jesus, e desfrutarás de saúde interna, que permanecerá no teu corpo e em tua mente, abrindo-te espaços para a evolução pelo amor, sem a necessidade imperiosa da expiação nem da reparação.

Londres – Inglaterra, 9 de junho de 1997.

---

3. Mateus, 15:19 e 20.

10

IMPOSITIVO DO TRABALHO

O trabalho é o recurso precioso que a Divindade oferece aos seres animais e humanos para progredirem.

Lei da Natureza, procede de Deus, que trabalha incessantemente, conforme acentuou Jesus em formoso enunciado, demonstrando que o desenvolvimento intelecto-moral da criatura é consequência do esforço que empreende para a própria renovação.

Sem a dádiva do trabalho, os seres ficariam reduzidos à paralisia, à inutilidade, e a vida volveria ao caos do princípio...

O trabalho se apresenta como necessidade expiatória: quando escravo, mediante remuneração injusta, em condições inumanas, sob a cruz das enfermidades, através de cargas horárias exauríveis; como de natureza provacional: quando se faz continuado, impondo-se meio único de sobrevivência, pelo enfrentamento de desafios e dificuldades, sem compensações relevantes; e como de caráter missionário: graças à abnegação e ao sacrifício, ao amor e à renúncia...

Não se havendo a criatura humana, em outras reencarnações, conduzido com equidade e justiça em atividades

DESLUSTRAR
Fazer perder ou perder o lustre, o brilho; tornar(-se) baço.

ÓCIO
Cessação do trabalho; folga, repouso, quietação, vagar.

LÁTEGO
(Fig.) Flagelo; castigo.

PROSCÊNIO
Lugar onde acontecem fatos à vista de todos; arena, cenário.

DILAPIDAR
Gastar desmedidamente; desperdiçar, esbanjar, dissipar.

FOMENTAR
(Por ext.) Proporcionar os meios para o desenvolvimento de (algo); estimular, promover, desenvolver.

CUMEADA
Apogeu, ápice.

DILATAÇÃO
Aumento de extensões, proporções; alargamento, ampliação.

dignificadoras, que deslustrou; ou fruído toda a existência no ócio e na inutilidade; ou tendo imposto de maneira cruel o trabalho como castigo aos que se lhe submetiam; ou vivendo da exploração de outras vidas a benefício próprio, sob látegos de indiferença e de crueldade, retorna agora ao proscênio terrestre sob a injunção do labor expiatório, a fim de aprender a respeitar a dignidade do seu próximo e a honrar as Leis da Vida.

Ninguém dilapida os bens da existência humana impunemente, abusando do direito ao uso dos valores que fomentam o progresso, transformando-os em instrumento de gozo pessoal, sem retribuição honrosa. Por essa razão, o trabalho não deve ser imposto como instrumento de punição, nem a sua ausência pode ser prolongada sem convite à ação.

Estas atitudes infelizes impõem refazimento da experiência iluminativa através do trabalho-expiação.

Igualmente, para que os mecanismos do desenvolvimento do ser se façam relevantes, aprimorando a inteligência e fomentando os sentimentos nobres, o esforço e a tenacidade moral se apresentam solucionadores no trabalho-provação.

É, no entanto, através do trabalho-missão que o Espírito alcança as cumeadas do progresso, após haver passado pelas fases anteriores da expiação e da provação, graças a cujos processos aprendeu a produzir pelo prazer de fazê-lo, não tendo em mente outra qualquer recompensa, senão a satisfação de encontrar-se na condição de cocriador, melhorando as próprias como a situação do planeta que lhe serve de domicílio.

Quando seja bem compreendido, o trabalho se transformará em bênção, conscientemente buscado para a autossuperação, para a interiorização do pensamento e sua dilatação em favor dos demais, deixando de ser imposição dolorosa e cansativa da caminhada terrestre.

Os mecanismos da evolução utilizam-se do trabalho como meio de disciplinar a vontade, domar os instintos, desenvolver a razão e sublimar os sentimentos.

Eis por que os animais também trabalham e sua existência terrena tem finalidades específicas. Eles mesmos experimentam e vivenciam as diferenças de trabalho, a depender das mãos humanas que os direcionam, quando justas e nobres ou rudes e perversas.

A maneira, porém, como o ser humano use os seus irmãos da retaguarda evolutiva desenvolverá consequências para si mesmo em futuras reencarnações.

A crueldade para com os animais revela o nível inferior de consciência em que transita o Espírito, que ainda não se libertou do primarismo interior, descarregando as paixões primevas que lhe permanecem em predomínio naqueles que se lhe submetem indefesos, tornando-se igualmente perversos em relação ao seu próximo.

Do amor pelos animais evolui-se para o amor humano, em treinamento afetuoso, que desenvolve e sutiliza os nobres sentimentos da alma.

O trabalho, portanto, sob qualquer expressão em que se apresente, tem como finalidade precípua felicitar o ser, erguê-lo do charco das paixões inferiores para os planaltos da realização feliz.

Enquanto se trabalha para sobreviver, para conseguir-se os recursos que mantêm a existência, logra-se progredir, porque é justo que o indivíduo viva com o resultado do próprio esforço, usufrua das concessões da Ciência e da tecnologia através do seu empenho, auxiliando também no crescimento geral. Então o seu esforço recebe remuneração, que deve ser justa, de acordo com o labor executado, de maneira a atender às necessidades do seu nível social, cultural e econômico. Igualmente, deve ser desenvolvido em lugar cujas condições

SUBLIMAR
Tornar(-se) sublime; enaltecer(-se), engrandecer(-se), exaltar(-se).

PRIMEVO
Dos primeiros tempos de (algo); inicial, primeiro.

PRECÍPUO
Mais importante; principal, essencial.

CHARCO
Rerreno baixo, alaqadiço, charqueiro, pântano, paul.

ambientais e sociais dignifiquem-no e promovam-no, evitando que se rebele ou enferme.

Todavia, quando já não necessita de salário ou recompensa, o seu trabalho passa a ter maior valor, porque está acima de qualquer pagamento, tornando-se a verdadeira doação, que se situa além dos preços estabelecidos.

Não há como remunerar-se devidamente uma oferenda de amor, uma noite de acompanhamento durante a enfermidade, a assistência fraterna no momento do infortúnio, o conselho oportuno e salvador...

Trabalho não é somente o de natureza material, o do esforço físico, que se investe na realização de qualquer coisa, mas também toda e qualquer dedicação e atividade mental, emocional, aplicada no sentido do bem.

Não poucas vezes, o trabalho intelectual e artístico faz-se mais desgastante e exaustivo do que o de natureza meramente física, em razão do esforço que se despende, assim como da concentração mental que é exigida.

Todo trabalho, portanto, enriquece a vida e a enobrece.

Felizes são todos aqueles que podem trabalhar e o fazem com alegria, encontrando, no seu desempenho, prazer e encorajamento para continuar a existência corporal.

Em todos os recantos do Universo tem vigência a Lei do Trabalho, honrando o processo de evolução, porque não existe o repouso absoluto, a ausência de dinamismo, de vibração.

Aqueles que abnegadamente se afadigam no trabalho-missão, sempre dispondo de tempo e possibilidade para fazer mais e mais auxiliar desinteressadamente, dão-se conta de a quantos muito prejudicou em transatas reencarnações e ora os abençoam com esforço e ajuda, após haverem resgatado o débito perante as Leis Cósmicas, quando lhes foi exigido fazê-lo.

❁

ENFERMAR
Tornar(-se) doente; fazer ficar ou cair doente.

INFORTÚNIO
Acontecimento, fato infeliz que sucede a alguém ou a um grupo de pessoas.

DESPENDER
(Fig.) Usar de; empregar, gastar.

DINAMISMO
Conjunto das forças que movem, animam o ser.

ABNEGADAMENTE
De maneira abnegada (altruísta).

AFADIGAR
Trabalhar exaustivamente; labutar.

TRANSATO
Que já deixou de existir, que já passou; passado, pretérito, anterior ao atual.

Como o trabalho é uma exigência da Vida, o repouso ou descanso é um impositivo que dele se deriva.

Aos animais e aos homens que trabalham, assiste o direito ao repouso após o dever executado, que as leis humanas lentamente vão estabelecendo, tornando a sociedade mais justa e mais dignificada.

Na infância e na velhice, todos necessitam de auxílio, devendo os pais cumprir com os seus deveres em relação aos filhos, e estes, mais tarde, atenderem aos seus genitores, assim retribuindo o bem recebido.

É injusta a sociedade que impõe à criança e ao ancião o trabalho como meio de sobrevivência; além disso, é cruel, considerando a falta de experiência e de forças na primeira, e a ausência de energia, bem como a presença dos sofrimentos naturais na velhice...

Trabalhar, portanto, sempre e sem cessar, é desenvolver o *deus interno* que todos conduzem no coração, rumando para Deus, o Excelso Criador.

Londres – Inglaterra, 10 de junho de 1997.

11

CONSCIÊNCIA DE CULPA

A Vida, em toda forma como se expressa, originalmente, é um conjunto que transpira harmonia. Desde as complexidades do macrocosmo como nas extraordinárias organizações microscópicas, pode-se perceber o equilíbrio que a tudo comanda, estabelecendo ordem, disciplina e beleza. Mesmo quando o aparente caos surge em a Natureza, percebe-se um trabalho grandioso gerando renovação e produzindo estesia.

Desenvolvem-se os programas estabelecidos dentro de leis que regem os acontecimentos universais de maneira providencial, dando campo à perfeição, que é a meta a ser alcançada.

Só o ser humano, porque pensa e dispõe do livre-arbítrio, permite-se a rebeldia, o atentado ao estabelecido, a audácia do erro, delinquindo quando contrariado, afrontando a própria e a Consciência Cósmica.

Por efeito, sofre, tornando-se vítima de si mesmo, tendo que recompor a experiência, a fim de aprender obediência, sensatez, direcionamento correto e, por fim, conquistar a paz.

Desarmonizando o conjunto em que a Vida se expressa, é convidado a reparar, devolvendo a estabilidade que foi atingida.

MACROCOSMO
Designação dada ao universo nas doutrinas que admitem uma correspondência entre cada uma das partes que o constituem e cada uma das partes que compõem o corpo humano, visto como um universo em redução; o mundo (em suas dimensões física, cultural, social ou religiosa) em relação ao homem, considerado como sua componente essencial e sua representação em redução.

ESTESIA
Capacidade de perceber sensações; sensibilidade.

LIVRE-ARBÍTRIO
Possibilidade de decidir, escolher em função da própria vontade, isenta de qualquer condicionamento, motivo ou causa determinante.

AUDÁCIA
Característica de quem ou daquilo que revela falta de respeito, bom senso e consideração em relação ao próximo; atrevimento, desplante.

Ninguém que o acuse a respeito dos erros e delitos perpetrados, punição alguma que lhe chegue de fora, exigindo-lhe reeducação. A sua própria consciência, que desperta, encarrega-se de reexaminar a ação maléfica e, automaticamente, impõe-lhe o dever de resgatar, programando o roteiro reparador. Mesmo quando pessoa alguma tomou conhecimento do erro, ela o sabe e, porque está em sintonia com a Divindade, expressando as Leis de Deus, que conserva inscritas, somente se harmoniza quando se desobriga do compromisso elevado, retificador.

Quando o tempo urge e não pode ser reparado, o prejuízo causado a si mesmo e ao próximo, à ordem geral e à Vida transfere-se de uma para outra existência, insculpido em forma de culpa.

Revela-se em manifestações psicológicas de comportamento inseguro, agindo de maneira receosa, sempre esperando enfrentar a realidade, a verdade de que se evadiu.

Reencarnado, o Espírito culpado sofre-lhe a injunção, amargurando-se, embora o aparente êxito de que esteja desfrutando, autoacusando-se e sempre ciente de que nada merece, inclusive, não pode ter o direito de ser feliz.

Se não possui uma estrutura emocional forte ou razoável, derrapa no pessimismo e foge da realidade mediante a usança de alguma droga, pelo alcoolismo ou por aquelas de natureza aditiva, alucinógenas, embriagadoras, que mais complicam o quadro aflitivo.

Somente um meio existe para alguém liberar-se da *consciência de culpa*, que é o trabalho de dedicação ao dever, de reconstrução interior mediante o auxílio a si mesmo e à sociedade, na qual se encontra.

USANÇA
Tradição, prática, costume há muito tempo observados; uso frequente.

ADITIVO
Que ou o que se adiciona ou acrescenta; adicional.

Sendas luminosas

Judas era amigo de Jesus. Vacilante, porém, e ambicioso, vendeu o Amigo aos seus adversários, logo fazendo consciência de culpa.

Sem estrutura para enfrentar-se e conviver com aqueles que eram seus amigos-irmãos, tentou fugir de si mesmo e mergulhou no poço abissal do suicídio, gerando mais infortúnio para o seu futuro...

Pedro convivia com Jesus e O amava. Receoso, no entanto, e frágil ante os desafios, negou o seu Benfeitor e escapou à sanha dos inimigos d'Ele.

SANHA
Rancor, fúria, ira, desejo de vingança.

Açodado pela consciência de culpa, deu-se conta do erro inominável e entregou o restante da existência a Seu serviço em forma de reparação do terrível engano, demonstrando quanto é débil o sentimento de fidelidade do ser humano.

Maria Madalena vivia no luxo e na ilusão embriagadora do vício sob terrível flagelo da consciência de culpa. Ao conhecer Jesus e perceber a incomparável oportunidade que se lhe apresentava, não titubeou, renunciando a tudo e a todos que a cercavam, passando a segui-lO e a entregar-se-Lhe de tal forma, que foi eleita para vê-lO quando da Sua ressurreição em triunfo.

FLAGELO
Punição, castigo moral; aflição, angústia.

TITUBEAR
Ficar em estado de irresolução, incerteza, perplexidade; hesitar, vacilar.

Joana de Cusa amava o esposo desavisado e indiferente aos seus sentimentos, e permaneceu-lhe fiel por solicitação de Jesus, sofrendo dores acerbas. Terminada a tarefa, a fim de evitar a consciência de culpa, deixou se martirizar pelas chamas até o momento final, libertando-se das algemas fortes do mundo.

ACERBO
Que causa angústia, que é difícil de suportar; atroz, cruel, terrível.

MARTIRIZAR
Causar tormento a ou sofrer tormento; afligir(-se).

Maria, irmã de Lázaro e de Marta, fascinada pela palavra e convivência de Jesus, estava-Lhe sempre ao lado, trocando as coisas terrenas pelas celestiais, não correndo o risco de adquirir consciência de culpa, em razão de haver perdido a oportunidade de crescer interiormente.

Zaqueu, o rico cobrador de impostos, vivia suntuosamente, locupletando-se com a exorbitância dos tributos que auferia dos seus patrícios, quase esmagados pela sua avareza.

Viu Jesus passar, estando no alto de um sicômoro, e adquiriu consciência de culpa em razão da vida que levava; de imediato arrependendo-se, foi homenageado com a oportunidade de hospedar o Sublime Amigo na sua casa...

A Humanidade é rica de exemplos de consciência de culpa em pessoas que souberam reparar os erros, assim como é grande a massa portadora do mesmo problema que descamba em erros mais graves, mediante alucinadas e inúteis tentativas de fugir da realidade interior.

❋

De alguma forma, quase todas as criaturas trazem marcadas na consciência profunda os sinais das suas grandezas, assim como das próprias misérias que decorrem do longo processo evolutivo.

A ascensão é experiência grave que exige esforço e decisão imbatíveis. Qualquer desalento ou incerteza frustra o programa de crescimento íntimo, conspirando contra o prosseguimento da marcha.

Seja qual for o tipo de consciência de culpa que se apresente no ser, cumpre-lhe o dever inadiável de continuar a marcha, superando o conflito e permitindo-se o direito de haver errado, assim como agora desfruta a oportunidade feliz de reparar o equívoco.

Não há, na Terra, pessoa alguma que se encontre sem haver passado pelo caminho do erro para acertar, da sombra para alcançar a luz, do sofrimento para melhor amar...

LOCUPLETAR
Tornar(-se) cheio; encher(-se); abarrotar(-se).

AUFERIR
Ter como resultado; conseguir, obter, colher.

PATRÍCIO
Natural da mesma pátria (que outrem).

SICÔMORO
Figueira (Ficus sycomorus) nativa de regiões tropicais e meridionais da África, introduzida no Mediterrâneo e cultivada pelos figos comestíveis e pela madeira, muito us., no antigo Egito, em estátuas e sarcófagos.

DESALENTO
Estado de quem se mostra sem alento; desânimo, abatimento, esmorecimento.

A única exceção é Jesus, que transitou sem culpa e ofereceu-se por amor, para ensinar sublimação pelo sacrifício.

Consciência de culpa é porta aberta para a reparação, e não para a descida ao abismo do sofrimento.

Londres – Inglaterra, 11 de junho de 1997.

12

LAVOURA MEDIÚNICA

Desvestida da indumentária do sobrenatural e desvinculada de qualquer tipo de superstição ou magia, a mediunidade, à luz do Espiritismo, é dádiva de Deus para melhor compreensão da imortalidade da alma e da Justiça Divina.

Isto, porque através da comunicação dos Espíritos é elaborada uma cuidadosa documentação, clara e insofismável, ao mesmo tempo demonstrativa da sobrevivência à morte, bem como do que acontece após o despertar, quando transpostas as águas do Rio Estige, da mitologia grega, em demanda do país das almas.

Cada qual volve à realidade conforme a existência que se permitiu, conduzindo os mesmos caracteres que lhe eram peculiares e vitalizou mediante o pensamento, as palavras e a conduta.

VOLVER
Tornar a; voltar a.

Sofrimento, remorso, ansiedade, alegria, esperanças e paz ressumam do inconsciente daquele que se libertou do corpo, passando a direcionar-lhe os passos na situação em que ora se encontra.

Nenhum milagre transformador é-lhe proporcionado, assim como contribuição alguma, procedente da Terra, poderá modificar-lhe a realidade defrontada.

Naturalmente, os pensamentos de mágoa ou de gratidão, de desforço ou de carinho, de ódio ou de ternura que lhe são dirigidos do mundo físico chegam-lhe, contribuindo para maior claridade e compreensão do que se passa; a colheita, porém, é pessoal e intransferível, como resultado da sementeira realizada, que agora enfloresce e frutifica.

SEMENTEIRA
Ato ou efeito de semear; semeação, semeadura.

O *julgamento final* tem lugar na consciência, que reflete o Pensamento Divino, estabelecendo os lídimos resultados da viagem corporal, tanto quanto demonstrando a necessidade de prosseguir-se conseguindo vitórias sobre as más inclinações ou voltando à Terra, a fim de reparar os erros em que incidiu...

INCIDIR
Cair em; incorrer.

Sem a mediunidade, que é recurso inerente ao ser humano em todas as épocas da Humanidade, não se teria como saber com exatidão o que acontece ao Espírito após a desencarnação, permanecendo a incógnita a respeito da vida futura e do destino dos seres. A imaginação se encarregaria de enriquecer o Mundo espiritual com lendas e fantasias, conforme sucedeu no passado e ainda permanece em alguns bolsões religiosos que teimam em manter-se distantes da realidade.

INCÓGNITA
Aquilo que se desconhece e se busca saber.

Nos mais variados fastos do pensamento histórico, a comunicação com os Espíritos sempre se fez com frequência e naturalidade, assinalando as diferentes épocas com valiosas informações que passaram à posteridade.

FASTOS
Registros públicos de acontecimentos ou obras notáveis; anais.

POSTERIDADE
O tempo que ainda virá; futuro, porvir.

O Espiritismo ofereceu à mediunidade o caráter moral que lhe faltava, já que a faculdade em si mesma é destituída de valor ético, pertencendo este ao indivíduo que a exerce, através de cuja conduta sintoniza com os Espíritos que lhe correspondem à faixa vibratória.

A lavoura mediúnica é oportunidade feliz de semear esperança, de equacionar os grandes problemas que dizem respeito à vida em suas variadas expressões.

Mediante o intercâmbio espiritual descerram-se os painéis da imortalidade, demonstrando que os seres humanos sempre se encontraram em contato com os desencarnados, sendo estes que, de alguma forma, comandam aqueles, em razão dos princípios de afinidade que regem o Universo.

Mesmo inconscientemente os encarnados estão em contato com os desencarnados, experimentando-lhes a influência benfazeja ou perturbadora.

BENFAZEJO
Que tem ação favorável, benéfica ou útil; cuja influência é boa.

Ignorada, a mediunidade não deixou de ser objeto de comunicação dos Espíritos, que hoje prosseguem realizando-a mais eficazmente, graças às luzes que o Espiritismo projetou sobre o ser, a vida e o futuro.

O Sistema Solar sempre foi heliocêntrico, embora Nicolau Copérnico somente o demonstrasse no século XVI...

HELIOCÊNTRICO
Que tem o Sol como centro.

O mesmo ocorreu com a mediunidade, que foi estudada por Allan Kardec, que a identificou, examinou-a com carinho e lógica, propondo leis de conduta para o seu bom exercício, a fim de serem evitados os riscos naturais, bem como retirar-lhe o melhor proveito.

Esses resultados são hoje muito proveitosos na área das obsessões e de outras patologias orgânicas ou mentais, bem como dos benefícios que se podem auferir com o seu uso equilibrado, no que diz respeito à harmonia pessoal e às seguras informações sobre a imortalidade, a ação de caridade junto aos que sofrem, o concurso cultural à Ciência.

PATOLOGIA
Qualquer desvio anatômico e/ou fisiológico, em relação à normalidade, que constitua uma doença ou caracterize determinada doença.

Sendo, portanto, médiuns todas as criaturas, em diferentes graus de percepção e desenvolvimento, cabe-lhes o enriquecimento moral e espiritual, a fim de viverem em superior sintonia, fruindo o benefício da inspiração que procede do mundo real.

No exercício consciente da faculdade mediúnica, o indivíduo se torna uma antena dirigida à fonte das informações, podendo contribuir com segurança em favor de si mesmo, do seu próximo e da sociedade.

O autoaprimoramento, que desse ministério resulta, torna-o mais feliz e livre das injunções penosas do processo da evolução, pelas possibilidades infinitas de crescimento e de serviço em favor da Humanidade.

A existência adquire seguro significado psicológico, favorecendo com as riquezas da beleza interior e da paz, que são os resultados inevitáveis da consciência tranquila pelo dever retamente cumprido.

❀

Desfilam na História os grandes médiuns da Humanidade, assinalados pela sintonia decorrente do comportamento pessoal.

Nabucodonosor, rei da Assíria, perverso e cruel, periodicamente ultrajado por Entidades inferiores, assumia atitudes primitivas que o faziam comportar-se como um equino, que se dizia ser...

> **EQUINO**
> Relativo aos equídeos, esp. ao cavalo.

Akhenaton, faraó do Egito, inspirado por forças superiores, concebeu no Sol a ideia de Deus, que tudo penetra e vitaliza...

Júlio César, em visita ao Templo de Alexandria, dialogou com Basílides, que se encontrava enfermo a mais de 100 quilômetros de distância.

Dante Alighieri, em perfeita sintonia com os amigos espirituais, escreveu *A divina comédia*, relatando episódios vigorosos do Mundo espiritual, onde esteve em desdobramento parcial.

A lavoura mediúnica, proporcionada pelo Espiritismo, é o labor relevante e nobre a que se devem entregar todos aqueles que se identificam com as percepções e inspirações que procedem do Mundo espiritual, de forma a aprofundarem informações e retirarem conhecimentos e consolações indispensáveis à felicidade.

Londres – Inglaterra, 12 de junho de 1997.

13

LUTAS ÍNTIMAS

Ninguém tomará conhecimento desse esforço hercúleo que desenvolves em favor da felicidade real.

As pessoas estão acostumadas às exteriorizações, às fugas psicológicas, às conquistas de ocasião, que as projetam no mundo econômico, social, político, artístico, responsáveis pela exaltação do *ego*.

Há uma corrida desenfreada na busca do sucesso externo, sem que se dê importância à autorrealização, aos componentes da harmonia pessoal, à vitória sobre as paixões desenfreadas e perturbadoras. Todo o interesse social está centrado na imagem, na aparência que chama a atenção, que desperta inveja e comentários, mesmo quando se está jugulado aos conflitos íntimos difíceis e à tremenda solidão no meio da balbúrdia e do aplauso vazio. Para anular essa situação, foge-se para a embriaguez dos sentidos, para o álcool, o fumo desordenado, as drogas aditivas, o sexo desenfreado.

As convenções sociais deficientes estabeleceram que todas as realizações que dão respostas imediatas e produzem prazer devem ser as metas a serem conquistadas. Essa proposta falsa nas suas bases transforma o ser humano em um feixe exclusivo de sensações, que devem ser supridas ininterruptamente,

HERCÚLEO
Árduo, penoso, que exige esforço intenso.

EGO
O ego é uma instância psíquica, produto das reencarnações, e que, em determinada fase do desenvolvimento humano, corrompe-se pelo excesso de si mesmo, perverte-se à medida que se considera o centro de tudo, aliena-se como se fosse autossuficiente.

JUGULADO
(Fig.) Preso pela força ou moralmente; subjugado.

BALBÚRDIA
Desordem barulhenta; vozearia, algazarra, tumulto.

ADITIVO
Que gera adicção; viciante.

FEIXE
(Fig.) Quantidade grande (de alguma coisa); batelada, penca, punhado

TECELAGEM
(Por mtf.)
Entrelaçamento, urdidura de ideias, de temas, de uma trama etc.; entretecedura, coordenação.

SOFISTA
Na antiga Grécia (sV a.C. e IV a.C.), mestre da retórica que tomava a si a tarefa de ensinar conhecimentos gerais, gramática e a arte da eloquência para os cidadãos gregos postulantes à participação ativa na vida política, tendo freq. acrescentado questionamentos polêmicos aos debates filosóficos da época.

DEIFICAÇÃO
Ato ou efeito de deificar(--se); divinização, endeusamento.

FILANTROPIA
Desprendimento, generosidade para com outrem; caridade.

GREGÁRIO
Diz-se de animal que faz parte de uma grei, de um rebanho.

embora a fragilidade do vaso orgânico e as suas complicadas tecelagens emocionais, susceptíveis de conflitos e desarranjos frequentes.

Protágoras, o filósofo sofista, enunciou que "o homem é a medida de todas as coisas", de alguma forma abrindo espaço para o futuro humanismo, depois para o humanitarismo e, por fim, para o espiritualismo real. Da deificação da criatura humana à filantropia, o pensamento concedeu lugar ao ser existencial, espiritual, precedente à concepção e sobrevivente ao desgaste orgânico.

É esse ser imortal a razão de todos os investimentos da existência corporal, porquanto as experiências que transitam de um para outro patamar da evolução, facultando ou não o processo de crescimento, são que se fixam por definitivo, estabelecendo futuros acontecimentos, necessidades e aspirações que induzem ao esforço pela iluminação.

Naturalmente, a vida em sociedade é indispensável, principalmente porque o ser humano é gregário, sociável, necessitado do intercâmbio que lhe fomenta e desenvolve a capacidade de realização e de progresso. Sendo resultado do grupamento social no qual se encontra engajado, é também responsável pela sua formação, pela sua renovação ou decadência, já que é *a medida de todas as coisas*, o que equivale a dizer que tudo se encontra à sua disposição e para isso foi criado.

Desenvolver esses valores que se encontram à sua volta, respeitar o equilíbrio vigente, contribuir para a sua preservação constituem desafios que lhe dizem respeito enfrentar e realizar.

❋

As tuas são lutas íntimas que deves travar em silêncio, sem qualquer alarde, porque te concederão a medida exata de quem és e do que podes fazer em benefício próprio. Trata-se de um grande esforço, para o qual não conseguirás aplauso

Sendas luminosas

nem contribuição exterior, porém centradas no esforço interno, intransferível e profundamente compensador. É uma batalha sem quartel que todos são convocados a atender, queiram ou não.

Sempre chega o dia no qual mesmo os mais resistentes são conduzidos às reflexões, ao amadurecimento mental, à meditação.

Realiza a tua luta íntima constantemente, analisando as tuas dificuldades, deficiências e limites após relacioná-los por escrito ou na memória, de forma que possas diluí-los suavemente, com tranquilidade, superando cada um, à medida que te libertes do anterior.

Constituirá um esforço gigante, porém rico de gratificação. Toda ascensão cobra o tributo do sacrifício, para brindar com as paisagens emolduradas de beleza, inabituais e fascinantes.

O país íntimo em que tu, como Espírito, domicilias-te – esse corpo transitório – alberga as marcas das existências passadas, nem sempre saudáveis, que hoje ressurgem desafiadoras na condição de problemas graves que te podem conduzir a abismos inesperados. Somente te adentrando nele, passo a passo, como o conquistador que vai penetrando uma região desconhecida e se deslumbra à medida que a vence, é que poderás libertar-te das aflições, superando as paixões dissolventes e anestesiantes.

> **DOMICILIAR**
> Fazer fixar ou fixar moradia.
>
> **ALBERGAR**
> (Fig.) Trazer no interior ou no âmago; conter, encerrar, abrigar.

Não te detenhas em postergações, acreditando, por mecanismo de fuga, que realizarás amanhã ou depois o que poderias iniciar agora. Esse *amanhã* é um engodo psicológico para impedir-te a libertação.

> **POSTERGAÇÃO**
> Mudança de data para mais adiante ou ampliação de prazo; adiamento, protelação, procrastinação.
>
> **ENGODO**
> Qualquer tipo de cilada, manobra ou ardil que vise enganar, ludibriar outrem, induzindo-o a erro.

Começa, portanto, das perturbações mais simples e cresce em coragem para prosseguir sem desfalecimento. Cada vitória sobre ti mesmo, por menor que se apresente, representa uma conquista, que abrirá lugar para novas e oportunas vitórias.

O Universo é constituído de partículas invisíveis e de aparência insignificante.

Quem não é capaz de valorizar o detalhe perde a sensibilidade para o conjunto.

Desse modo, luta e luta, discretamente, aprimorando-te, superando-te, com a alegria de quem está conquistando o Universo, cosmo grandioso que és.

As lutas externas são simples de ser travadas, porque muitas armas se fazem utilizadas, contribuindo para a ruína do outro, o opositor, mas a luta íntima exige consciência de si, autopenetração, amadurecimento para a realidade da vida.

Nesse tentame não te faltarão apoio nem ajuda dos teus amigos espirituais interessados na tua evolução.

TENTAME
Ato de tentar; tentativa, ensaio.

❀

Os legítimos conquistadores da Humanidade venceram-se primeiro a si mesmos, discernindo a respeito daquilo que desejavam e de como fazê-lo, a fim de adquirirem resistência para as façanhas a que se entregariam. Terminado esse difícil estágio, partiram para etapas mais cansativas, no entanto fadadas à vitória.

As grandes lutas sempre são travadas no campo da consciência, em que se homiziam os maus pensamentos e pendores, mas também no qual se hospedam os sentimentos de nobreza e de enriquecimento da Humanidade.

Nunca te canses de aprimorar-te, nem consideres esse labor como extraordinário, porquanto para isso é que te encontras reencarnado.

HOMIZIAR
Furtar(-se) à vista; esconder(-se), encobrir(-se).

PENDOR
Capacidade natural para (algo); propensão, inclinação, tendência.

Londres – Inglaterra, 13 de junho de 1997.

14

COMPAIXÃO

Entre os sentimentos humanos que expressam nobreza e elevação moral, destaca-se a compaixão, como expressão da solidariedade que um dia vigerá entre todas as criaturas.

Participar dos sofrimentos do próximo de maneira dinâmica, envolvendo-o em ondas de ternura e de afeto, de forma que possa ajudar a ter diminuídas as angústias e aflições, é o objetivo essencial da compaixão.

Compreendendo o significado da dor e quão pungente se manifesta, aquele que é solidário sente na alma o real desejo de minorá-la, contribuindo para que os fatores que a desencadeiam sejam afastados e ela ceda lugar à paz de espírito.

A compaixão é manifestação do amor que se irradia em tentativa de alterar o quadro pungitivo, renovando aquele que sofre e estimulando-o a prosseguir na busca da harmonia.

A vida moderna, em face das exigências de comportamento próprio, impondo luta constante e vigilância permanente, parece conspirar contra a compaixão bem como outras formas de fraternidade. O corre-corre contra o tempo, que se apresenta insuficiente para atender a todos os compromissos, o utilitarismo e o abuso dos irresponsáveis, dos ociosos e viciados, daqueles

PUNGENTE
Que provoca dor viva, aguda, penetrante, cáustica; lancinante.

MINORAR
Tornar(-se) menor; diminuir, reduzir(-se)

PUNGITIVO
Que punge, que estimula; pungente, pungidor.

CORRE-CORRE
(M.q.) Correria ('ato', 'pressa', 'tumulto').

que se comprazem na má-fé armam o indivíduo com insensibilidade, de forma que, em mecanismo de defesa, precata-se em relação à compaixão, evitando-se a piedade em favor do seu irmão do caminho.

A compaixão, quando mal direcionada, pode tornar-se deprimente, em razão das ondas mentais carregadas de infelicidade que são direcionadas ao que experimenta o sofrimento. Caracterizando-se por vibração de padecimento injusto, conduz revolta ao invés de solidariedade, mágoa ao revés de bondade, constituindo-se lamentação que mais aflige aquele que está sob a injunção recuperadora.

PADECIMENTO
Ato ou resultado de padecer; dor, sofrimento (físico ou moral).

A sua mensagem deve ter um conteúdo dinâmico, oferecendo forças ao desfalecente, segurança ao combalido, resistência ao fraco, afeto ao abandonado, apoio ao injustiçado, coragem ao enfermo e irrestrita confiança em Deus.

DESFALECENTE
Que desfalece; em estado de desfalecimento (perda momentânea das forças físicas; desmaio, vertigem).

Faz-se portadora da fé que ergue e ampara, do alimento espiritual que sustenta, do estímulo que vitaliza.

Compaixão é vibração mental que deve envolver aquele que sofre em sentimento de fraternal solidariedade.

COMBALIDO
Fisicamente abalado, enfraquecido.

❖

LUZIR
Irradiar ou fazer irradiar luz ou claridade.

Quando a compaixão luz no coração humano, o frio da indiferença cede-lhe lugar, aquecendo o sentimento que se desdobra em auxílio produtivo.

Não houvesse compaixão no mundo e a vida retornaria ao *caos* do princípio, predominando a indiferença das criaturas umas pelas outras, pelos demais seres sencientes, pela Natureza.

SENCIENTE
Que percebe pelos sentidos; que recebe impressões.

O indivíduo que ama participa automaticamente das ocorrências à sua volta, irmanando-se com aquele que experimenta provação ou sofrimento de qualquer espécie.

IRMANAR
Tornar(-se) semelhante, igual, irmão; unir(--se), emparelhar(-se), ligar(-se).

Com esse gesto enriquece-se mais, porque reparte ajuda e, quanto mais doa, mais a multiplica, porquanto o amor é o único tesouro que cresce na razão direta em que é distribuído.

Sendas luminosas

Para compadecer-se, a pessoa necessita compreender o que acontece com o próximo, medir a intensidade e dar-se conta do que lhe significa, em razão de, oportunamente, já haver experimentado acontecimento equivalente.

> **COMPADECER**
> Sentir compaixão (de), condoer-se (de).

Rebela-se contra a compaixão aquele que ainda não atingiu mais elevado nível de consciência, porque lhe falece a capacidade de entender e cooperar, em razão do primarismo que lhe predomina nos sentimentos ainda aturdidos pelas sensações, sem o apoio das emoções enobrecedoras.

É necessário refletir quanto ao significado das dores, a fim de desenvolver o sentimento de compaixão e expressá-lo corretamente, sem lamúrias nem queixumes.

À semelhança do Sol, deve-se aquecer em plenitude a tudo e a todos, oferecendo pensamentos e braços à ação do bem, de forma que as expressões da barbárie cedam lugar às aspirações de nobreza e se realizem na sociedade.

Quando desabrocha o sentimento de compaixão no ser humano e se exterioriza, a sociedade se eleva e se engrandece, tornando-se mais bela e ideal.

Dado o primeiro passo de apoio em direção ao necessitado, os demais sentimentos passam a expressar-se como virtudes que um dia comandarão a existência terrena.

Não está longe a época na qual as criaturas se darão as mãos solidariamente, eliminando as distâncias e os preconceitos de raças, de credos, de posições sociais e políticas, de culturas, mecanismos esses engendrados pela inferioridade, a fim de dividi-las, quando as deveriam unir.

> **ENGENDRAR**
> Dar existência a; formar, gerar.

> **FAMÉLICO**
> Que tem muita fome; faminto.

Organizações internacionais interessadas na construção do mundo melhor multiplicam-se, ensinando os homens e mulheres a se unirem em favor de programas humanitários e libertadores que ainda fazem falta às multidões famélicas de pão, de medicamento, de amor em toda parte.

Divaldo Franco · Joanna de Ângelis

..."E Jesus, vendo a multidão", foi tomado de grande compaixão. Abriu os Seus lábios e cantou o poema incomparável das Bem-aventuranças, cuja ação inaugurou Nova Era para a Humanidade de todos os tempos.

Ele sempre atendia às criaturas, tomado de infinita compaixão.

A ninguém indagava além do necessário, jamais acusando ou impondo dietas que não fossem possíveis de mantidas.

O Seu era o apelo para que não reincidissem no erro, como terapia preventiva, a fim de que lhes não acontecesse nada pior do que já experimentavam.

Muitas vezes chorou ante a turba agressiva e violenta, compadecido dos presunçosos e iludidos triunfadores no corpo putrescível.

Sua compaixão até hoje nos acompanha e inspira, de modo que logremos fazer "ao nosso próximo tudo aquilo que desejarmos que ele nos faça".

Edimburgo – Escócia, 14 de junho de 1997.

TURBA
Grande número de pessoas, esp. quando reunidas; multidão, turbamulta, turbilhão.

PUTRESCÍVEL
Passível de apodrecer; putrificável.

15

AUTOAFIRMAÇÃO

Há uma atitude pessimista ante a vida, mediante a qual as pessoas se depreciam e se entregam ao desânimo, antes mesmo de submeterem a testes de experiência os objetivos que devem perseguir e que constituem base de sustentação emocional.

Cultivam os pensamentos destrutivos, que se tornam perturbadores, dando gênese a vibrações deletérias, que se instalam nas células e produzem enfermidades de diagnose difícil, quando não se insculpem no inconsciente e passam a emitir ondas que desajustam o sistema emocional.

Naturalmente, autodepreciam-se, considerando-se indignas do Auxílio Divino, quando não se têm em conta de seres superiores que foram eleitos para se tornarem melhores do que os demais...

Embora a proposta do Cristianismo seja otimista, de valorização da vida em todas as suas expressões, convidando o ser humano para a felicidade sem jaça, a astúcia medieval envolveu-o em conceitos negativos e de autodesvalorização, ao mesmo tempo punitivo, menos para os seus *representantes* humanos, que se permitiam locupletar no luxo, no poder, no prazer, pairando acima do *rebanho* que diziam conduzir.

DEPRECIAR
(Fig.) Rebaixar o valor, a qualidade, a virtude de (algo, alguém ou de si mesmo); desprezar(-se), desdenhar(-se), menoscabar(-se).

GÊNESE
(Fig.) Conjunto de fatos ou elementos que contribuíram para produzir uma coisa.

DELETÉRIO
Que é prejudicial à saúde; insalubre.

DIAGNOSE
(M.q.) Diagnóstico.

JAÇA
Mácula, imperfeição, desdouro.

A *negação do mundo*, sugerida por Jesus, nada tem a ver com o ódio ao mundo, com a autodestruição ou o desprezo de si mesmo, e sim com a necessidade do desapego aos impositivos do século ante a eternidade da vida que o Espírito frui.

A fim de que a felicidade seja alcançada pelo ser espiritual, é indispensável que o amor ao corpo – sem obstinação por ele –, à sua conservação seja questão definida e aceita como recurso adequado e único.

> **OBSTINAÇÃO**
> Apego forte e excessivo às próprias ideias, resoluções e empreendimentos; pertinácia, persistência, tenacidade.

Dessa forma, a Sua Mensagem é rica de esperança, de vitórias sobre a dor, o infortúnio, os insucessos e a morte, o que constitui valioso contributo para a vigência da alegria e a razão primacial para a luta.

> **PRIMACIAL**
> Em que há, ou a que se atribui primazia; primordial.

O atavismo que procede do passado, quando o Espírito delinquiu e produziu sinais que se transmitiram à atual experiência carnal, continua assinalando o infrator com a consciência de culpa, o autodesprezo, que se lhe tornam meios punitivos, fazendo-se aceitos e perturbadores.

Demoradamente afirmando o próprio desvalor, desconsiderando-se e não aproveitando, quanto o deveria, a oportunidade de iluminação, desmotiva-se em prosseguir, afetado pelas consequências da vida mental e espiritual em sombras.

❁

Autoafirmar-se é também valorizar o *deus interno* que reside em todas as criaturas.

Conceder-se oportunidade de que se desenvolva essa presença em germe constitui desafio para o próprio desenvolvimento intelecto-moral.

A alteração da conduta mental faz-se imprescindível e imediata, de forma que o pensamento altere a onda de manifestação, passando a expressar saúde e bem-estar, enquanto cria condições operacionais nos equipamentos psicofísicos.

Sendas luminosas

De acordo com as ideias cultivadas, vive-se em harmonia ou em desconcerto, já que a vida mental precede à orgânica, conduzindo-a conforme as diretrizes que exterioriza.

Tudo quanto de nobre e de bom deva ser conquistado tem início no pensamento otimista e na sua irradiação positiva.

Gerado esse hábito, a vontade desenvolve-se e faz-se forte, direcionada com segurança para o melhor e mais próprio para a evolução.

Certamente há um limite entre pensar e sonhar acordado sob o açodar leviano de aspirações injustificáveis.

A autoestima conclama à liberação dos hábitos doentios, arraigados, que cedem espaço a novas conquistas de autovalorização, mediante as quais se podem descobrir recursos que jazem adormecidos, aguardando o despertar da consciência para atender aos apelos da mente e dos sentimentos superiores.

Como não é correto o excesso de autoestima, transferindo-se para o panteão dos deuses, igualmente não se justifica o mau hábito da autodepreciação, que leva a verdadeiro inferno de desânimo, de autodestruição emocional.

Representando o Pai, Jesus proclamou que era a *luz do mundo, a porta das ovelhas, o caminho, a verdade, a vida*, demonstrando a autoconsciência de que era portador.

Em momento nenhum se subestimou em tornar-se pessimista em relação à providencial Misericórdia de Deus e ao êxito da sua missão na Terra.

Testado, criticado, espezinhado, submetido a dúvidas sistemáticas, manteve-se sereno, certo dos objetivos que Lhe caracterizavam o ministério.

Informado de que o Seu Reino não é deste mundo, de maneira alguma desdenhou a Terra e as suas oferendas, utilizando-se dos seus recursos maravilhosos para compor Suas parábolas e lições que se eternizaram na memória dos tempos e da Humanidade.

DESCONCERTO
Ausência de harmonia, de ordem (física ou moral); perturbação, transtorno.

AÇODAR
(Por ext.) Incitar, instigar (esp. cão); açular.

LEVIANO
Insensato, irrefletido, precipitado.

ARRAIGADO
Que se arraigou, que lançou raízes; enraizado, arreigado.

JAZER
(Fig.) Continuar sendo; permanecer.

PANTEÃO
Conjunto de deuses de um povo, de uma religião politeísta.

INFERNO
(Fig.) Extremo sofrimento infligido por certas circunstâncias, sentimentos ou pessoa(s); martírio, tormento.

ESPEZINHADO
(Fig.) Humilhado, aviltado, ofendido.

PARÁBOLA
Narrativa alegórica que encerra um preceito religioso ou moral, esp. as encontradas nos Evangelhos.

PEJO
Falta de traquejo social; timidez, acanhamento.

PIEGAS
Em que há pieguice, sentimentalismo extremo.

Autoafirmou-se Filho de Deus, porque O era, sem pejo nem modéstia piegas, mas perfeitamente identificado com o Psiquismo do Criador.

Homenageou os *puros de coração, os humildes, os famintos da verdade, os pobres de espírito*, demonstrando compreensão e amor para com todos, porém exaltando aqueles que lutam pela conquista de si mesmos e do Reino de Deus.

❧

Autoafirma-te filho de Deus, que és, destinado à plenitude, não te permitindo vanglórias nem diminuição dos valores que possuis.

Considera esta oportunidade feliz que desfrutas e programa novas conquistas que podes conseguir, cultivando desde já o pensamento nobre que emana das altas esferas, deixando-te arrastar pelo otimismo.

Naturalmente, tens muitas imperfeições que te perturbam, criando embaraços contra os teus planos de superação, mas elas serão atenuadas lentamente, à medida que insistires no bom combate.

Remanescem, ainda, é certo, tendências infelizes que te convidam ao estado anterior, quando te comprometeste; no entanto, sabes que a ascensão se apoia nos degraus vencidos, que se transformam em alicerces de segurança a fim de ser alcançada a cumeada. Utiliza-te, portanto, dessas propensões, que já conheces, para não mais te comprometeres com os enganos do passado.

Autoafirma-te como filho da Luz e deixa-te banhar pela claridade da esperança da vitória e pelo êxito da paz.

Edimburgo – Escócia, 15 de junho de 1997.

16

SACRIFÍCIOS

Causa certa estranheza aos menos avisados a respeito dos ideais de enobrecimento da Humanidade a ocorrência dos sacrifícios por parte daqueles que se empenham em tornar o mundo melhor.

Parece-lhes que os lutadores do bem deveriam permanecer aureolados de mirífica luz que os defendesse das agressões, dos sofrimentos que o mundo, não poucas vezes, impõe-lhes como tributo pela obra que realizam.

Fossem, porém, entendidos e exaltados, já se encontrariam em uma sociedade justa quão feliz, cujos padrões de conduta seriam dignos, certamente não mais necessitando deles no ministério que abraçam.

Particularmente, porque predominam os sentimentos mais primários entre as criaturas humanas, é que eles se oferecem para modificar o contexto vigente, apresentando os novos paradigmas que podem servir de base para a realização de uma nova sociedade.

Fazendo-se um retrospecto antropossociológico, ver-se-á que o desenvolvimento dos valores ético-culturais teve lugar através de passos muito bem delineados e de expressões bem definidas.

> **AUREOLADO**
> (Fig.) Glorificado pelos céus; abrilhantado, coroado.
>
> **MIRÍFICO**
> Maravilhoso, extraordinário, magnífico.
>
> **ANTROPOSSOCIOLÓGICO**
> Relativo à antropossociologia (estudo de grupos sociais humanos com aplicação de elementos antropológicos).

Na fase inicial, o ser primitivo, destituído de conhecimento e de razão, mediante o temor às *forças desconexas* da Natureza, deu início ao culto religioso e viu nascer o sentimento de fraternidade, por cuja forma poderia garantir a própria e a sobrevivência do clã. Lentamente desenvolveu melhor percepção da realidade e cresceu intelectualmente, discernindo o que fazer e o tributo a pagar, a fim de lográ-lo, até dar-se conta de que o melhor sacrifício, o maior holocausto que ele podia oferecer a Deus e à Vida seria o da própria transformação interior, a superação das más paixões e a conquista das elevadas emoções.

> HOLOCAUSTO
> (Fig.) Ato de abnegar-se; renúncia, abnegação.

Esse processo tem-lhe custado grande esforço de renúncia e de persistência, através dos milênios, como é natural, abrindo-lhe perspectivas para voos mais audaciosos e sacrificiais.

Aqueles Espíritos que já podem aspirar às elevadas psicosferas do bem e do amor, compadecidos dos seus irmãos da retaguarda, não temem mergulhar na roupagem carnal com o objetivo grandioso de erguê-los, fazendo que alcancem os patamares iluminativos, libertadores.

Sofrer, para eles, tem outra dimensão que aquela conhecida pelos menos afeiçoados ao desprendimento dos interesses materiais.

O martírio, por isso mesmo, quase sempre se lhes torna a meta a atingir, oferecendo-se espontaneamente para consegui-lo.

Todos os grandes promotores do progresso moral, cultural, artístico, espiritual da criatura humana foram convidados ao sacrifício, mediante o qual demonstraram o desinteresse pela vida física e a certeza do significado da obra a que se dedicavam.

Sendas luminosas

Enfrentaram as rudes pelejas com coragem e destemor, não revidando aos seus perseguidores com os mesmos instrumentos que eram usados contra eles.

PELEJA
Trabalho, lida.

Ao ódio, ofereceram o amor; à treva, doaram a luz; à ignorância, retribuíram com o conhecimento; à traição, devolveram a fidelidade; à calúnia, porfiaram na verdade; ao medo, ofertaram a coragem, não cedendo nunca, mesmo quando tudo parecia conspirar contra os objetivos a que se entregavam.

PORFIAR
Manter-se firme (em ponto de vista, propósito); obstinar(-se).

Foi esse valor moral que sensibilizou aqueles que se encarregaram de levar adiante as suas ideias e propostas, depois que eles foram vitimados pela perseguição e submetidos a torturas cruéis, a mortes infamantes, ao silêncio, libertando-se dos comportamentos infelizes com os quais escravizavam, locupletavam-se nos vícios, desfrutavam dos prazeres mórbidos...

INFAMANTE
(M.q.) Infamador (que ou aquele que infama; atribuir infâmias, vilezas a; caluniar, difamar).

MÓRBIDO
Doentio, enfermo, morboso.

A altivez com que viveram e a nobreza com que morreram perturbaram os seus algozes e deixaram as marcas inapagáveis da sua passagem na Terra, facultando serem seguidos pela posteridade, que tornou realidade os seus sonhos, suas promessas de beleza e de felicidade.

ALTIVEZ
Sentimento de dignidade, brio, nobreza.

Porque ainda permanecem os mesmos mecanismos de incompreensão, de competitividade servil entre os dominadores de um dia, temem ser substituídos por pessoas nobres e solidárias com a Humanidade, eles combatem os bons trabalhadores da esperança e da Nova Era, exigindo-lhes a demonstração daquilo em que creem e divulgam mediante sacrifícios homéricos.

HOMÉRICO
(Por ext.) Grandioso, enorme, extraordinário.

Quem já alcançou as alturas delicia-se com o ar puro da amplidão e com a beleza quase infinita dos horizontes visuais, com a independência pessoal e a liberdade plena que fruem interiormente.

AMPLIDÃO
Grande extensão; amplitude, vastidão, grandeza.

Possuem os tesouros incomuns da experiência vivida e realizada, não se preocupando com aqueles que estorcegam nas regiões sombrias e perturbadoras dos próprios limites sem aspirações.

ESTORCEGAR
Estorcer-se, retorcer-se.

Os veros ideais produzem ânimo vitalizado e alegria de viver, ampliando a capacidade de perseverança neles na razão direta com que defrontam obstáculos.

VERO
Verdadeiro, real, autêntico.

Pode-se medir, portanto, a sua força através da forma como se conduzem os seus divulgadores, pela paciência com que aguardam o momento da vitória, pela dignidade que se impõem na execução do programa, pelo amor que irradiam, por estarem por ele enriquecidos.

A coroa do sacrifício é o prêmio a que aspiram os verdadeiros heróis, os pioneiros e os vanguardeiros do progresso.

❈

O exemplo máximo é Jesus.

BURLESCO
Que provoca riso ou zombaria, freq. por sua extravagância ou ridículo.

Mesmo quando coroado de espinhos, destacou-se no Calvário e assinalou toda a Humanidade com o Seu holocausto de amor.

Os reis do mundo, quando coroados com pesados ornamentos de pedras preciosas e metais de alto preço, não poucas vezes parecem tolos vestidos para espetáculos burlescos. O peso das suas joias obriga-os a tirá-las da cabeça, em razão do peso desagradável, e guardá-las em cofres-fortes de usura e hediondez.

COFRE-FORTE
(M.q.) Caixa-forte; recinto de alta segurança, ger. num banco, empresa, instituição etc., reforçado e protegido contra roubo e incêndio, onde se guardam valores (dinheiro, joias, documentos importantes etc.); casa-forte.

A bajulação que os cerca exige recompensa, é frívola e muda facilmente de homenageado conforme as circunstâncias e os lucros à vista.

FRÍVOLO
Que é ou tem pouca importância; inconsistente, inútil, superficial.

Jesus, porém, tornou-se incomum. Superou o tempo e permanece gentil, mártir, bom, com dignidade e elevação nunca igualadas, convidando todos aqueles que desejam transformar o mundo, nas diversas áreas que propiciam progresso e felicidade, a que nunca renunciem ao ideal, sacrificando-se heroicamente, a fim de que os seus programas adubem o solo da Humanidade com o suor e o sangue do Seu testemunho.

Viena – Áustria, 16 de junho de 1997.

17

CANSAÇO DO BEM

O cansaço que decorre da ação do bem não tem legitimidade, exceto quando a realização obedece a interesses de alto egotismo, particularmente objetivando a projeção da autoimagem ou a busca de interesses pessoais.

O bem possui uma dinâmica encarregada de renovar as forças e estimular a coragem para a luta. Naturalmente, quando o esforço despendido se faz demasiado, surge a estafa de natureza física, de fácil recuperação, enquanto o tédio, o desinteresse, a fadiga procedem de origem perturbadora.

O bem que se faz não pode fazer mal àquele que o pratica. Seria um terrível paradoxo, sem qualquer justificativa racional.

Não poucas vezes, o indivíduo se vê sitiado por problemas e desconforto moral, fugindo para a prática do bem ao próximo como alternativa para libertar-se dos próprios sofrimentos, aguardando, num passe de mágica, a ocorrência salvacionista, miraculosa, o que naturalmente não ocorre.

É verdade que, na ação do bem, adquirem-se créditos para a alteração de acontecimentos desastrosos que se encontravam delineados, de sofrimentos que chegariam tormentosos, de angústias decorrentes do mau uso da conduta. Não

DEMASIADO
Que ultrapassa o natural ou o ordinário; excessivo, exagerado.

ESTAFA
Extremo cansaço; esgotamento.

SITIADO
Que ou o que é assediado, abordado com insistência.

DELINEADO
Que se planejou; elaborado.

obstante, trata-se de uma compensação, e não de um investimento no jogo dos interesses de pequena elevação.

O bem pelo prazer de servir é que deve constituir a atração pela sua realização.

Nos jogos fogosos da ilusão e do prazer, mesmo quando cansados e saturados, os seus aficionados procuram motivações novas, a fim de darem prosseguimento, esforçando-se à exaustão, quando não recorrem a estimulantes químicos e de outra natureza, criando dependência e experimentando alucinação.

AFICIONADO
Que ou o que é afeiçoado, entusiasta, simpatizante de algo.

A mudança do comportamento imediatista, egoico, para o dinâmico e solidário gera certo desconforto no início, até que seja criado o hábito e se incorporem ao cotidiano as experiências novas, como é natural.

Acostumando-se à rebeldia ou ao conformismo, o indivíduo sente-se atraído para atividades novas e, às vezes, a prática do bem se lhe afigura como de natureza esportiva, sem o contributo de maior responsabilidade, no que se equivoca totalmente.

O trato com a dor, com os desesperados e desiludidos, com os aflitos e injustiçados, com todos aqueles que não conseguiram desfrutar, na Terra, das bênçãos da compreensão nem da amizade é sempre um desafio difícil, que pede esforço e tenacidade.

GLEBA
Terra em que se nasce; pátria, torrão.

Por isso, escasseia na grande gleba terrestre o número daqueles que servem e amam, que auxiliam e compreendem, que trabalham e socorrem.

Este fato não deve, porém, constituir um obstáculo, antes é uma emulação e um convite ao despertamento para os valores morais adormecidos, que desabrocharão enriquecedores e preciosos, felicitando aquele que se prontifica a essa ação-coragem.

EMULAÇÃO
Sentimento que leva o indivíduo a tentar igualar-se a ou superar outrem.

Sendas luminosas

Conta-se que Santa Teresa d'Ávila, em uma das suas peregrinações pela Espanha, buscando dignificar a Ordem das Carmelitas Descalças, à que pertencia, e, abrindo novas casas, certo dia foi surpreendida por uma tempestade ao atravessar uma débil ponte.

No vendaval, que sacudia temerariamente a frágil construção, e sobre o volume crescente de águas, que a apavorava, a religiosa suplicou a Jesus que a protegesse.

Com imenso esforço, conseguiu alcançar a outra margem, cansada, molhada, nervosa.

Vendo que o temporal prosseguia, expressou-se em alta voz, reclamando:

– *É assim que o Senhor trata aqueles que O amam?!*

E, após ligeira reflexão, concluiu:

– *É por isso que são bem poucos aqueles que O amam.*

É provável que sejam verdadeiras as palavras da insigne mística, que conhecia as dificuldades para bem servir, especialmente no seu tempo medieval, no qual predominavam a ignorância e o fanatismo. Fascinada, porém, pelo Amor de Jesus, Teresa jamais desanimou, desistiu ou se frustrou sob a ação do cansaço, embora o corpo enfermo muitas vezes se dobrasse de exaustão ante os sacrifícios que ela lhe impunha, decidida.

Se pretendes realizar algum bem, precata-te contra os interesses subalternos que se domiciliam no teu íntimo, sempre à espreita de oportunidade para desvelar-se.

Deixa-te impregnar pela fé e pelo entusiasmo, para que não interrompas o compromisso antes que cheguem os resultados opimos que aguardas.

Examina as possibilidades de que dispões e dá início ao trabalho, sem pressa, não desejando resolver os problemas do mundo a golpes de desespero.

Trabalha-te, inicialmente, testando as tuas resistências e alterando o comportamento para melhor, de forma que o bem

---

PEREGRINAÇÃO
Jornada a lugares santos ou de devoção.

DÉBIL
Que não está na plenitude de sua condição ou potencial.

INSIGNE
Que é notável por suas obras ou feitos; destacado, famoso, ilustre.

DESVELAR
(Fig.) Fazer conhecer; revelar.

OPIMO
Excelente, rico, fértil, de grande valor.

tenha começo em ti mesmo. Aquele que não se encontra em paz dispõe de nenhuma contribuição nessa área para oferecer, exceto palavras. Mas o mundo está repleto delas, carecendo de ações que lhes deem valia. Sem a consciência tranquila daquilo que estás fazendo, candidatas-te a dar um salto no escuro, em verdadeira aventura, por total ignorância dos objetivos que perseguirás e dos métodos que utilizarás.

As tarefas no mundo, quando interrompidas, podem ser recomeçadas. No entanto, aquelas que têm começo, objetivando iluminar vidas, quando abandonadas, deixam muitas ulcerações nas almas.

Porfia, porém, no propósito de fazer o bem.

Se advier o cansaço, repousa na oração, estimula-te na variação de tarefa, reconforta-te no prazer que decorre daquilo que estás realizando e não pares. O tempo urge e este é o teu precioso momento de ajudar.

❁

Por mais volumosa se apresentasse a multidão buscando Jesus, Ele se preocupava, pensando nas suas necessidades, que procurava suprir, sem ao menos esquecer o alimento material.

Sempre tomado de compaixão, doava-se sem enfado ou cansaço, porque sabia que se tratava de crianças espirituais, aqueles que estavam interessados mais no corpo do que no ser transcendental que eram. Nem por isso os deixava de atender. Ministrava-lhes a palavra libertadora, a diretriz de segurança iluminativa e o auxílio às mazelas que os aturdiam.

E o fazia com infinito amor, sem jamais reclamar...

Bratislava – República Eslava, 17 de junho de 1997.

18

ALEGRIA PERFEITA

Pessoas desinformadas estabeleceram que a vida cristã é destituída de alegria, caracterizando-se pela tristeza e depressão.

Na ausência dos encantamentos da ilusão e das ansiosas buscas do prazer, torna-se monótona, sem atrativos que seduzem e levam aos jogos contínuos do entusiasmo, dessa forma perdendo o brilho.

MONÓTONO
Que, pela ausência de novidade, se mostra enfadonho, maçante.

Creem, então, que as paisagens pelas quais se expressa são feias, cinzentas, porque lhes faltaria o sol das paixões que abrasam o corpo.

ABRASAR
Experimentar ou deixar-se dominar por sentimentos intensos.

Por outro lado, completaram que a alegria se exterioriza pelos risos, que devem ser estrondosos como gargalhadas; pelo ruído e movimentação, que despertam a atenção e provocam os sentimentos controvertidos da excitação.

ESTRONDOSO
Que causa estrondo; barulhento, ruidoso.

Passaram a acreditar que o sentido da caminhada terrestre se direciona para as sensações que comburem até a exaustão.

COMBURIR
Queimar; abrasar.

Por isso, transferem-se de uma para outra, em incessante busca de novos acepipes que mantenham em alta os gostos e estímulos para continuarem na luta.

ACEPIPE
Prato delicado servido para abrir o apetite; aperitivo, petisco.

Como consequência, cansam-se com rapidez, perdem as motivações nas empresas a que se dedicam, fazem-se apáticas facilmente, desencorajam-se ante qualquer obstáculo.

Fugindo da realidade pessoal, elaboram mecanismos psicológicos conscientes ou não para se evitarem o despertamento da razão em relação às legítimas necessidades, aquelas que podem ser atendidas em profundidade, desaparecendo em completo e cedendo lugar ao bem-estar.

Permitem-se os vícios escravizadores, aos quais se submetem com euforia, exibindo-os como recurso agressivo aos demais, àqueles que lhes não compartem as ideias nem a conduta.

Chegam a demonstrar que o equívoco, o atentado à ordem, o comportamento irregular são os que devem ser aceitos e válidos, desejando que as demais pessoas se lhes submetam ao talante.

Irrequietas, transferem-se da alegria para o esgar, do júbilo para a gritaria, assim apagando as *vozes* dos conflitos em que se aturdem.

Exibem-se vestidas de felicidade e chamam a atenção, sofrendo a instabilidade emocional, as ansiedades não saciadas, os problemas não resolvidos.

Distorceram o entendimento a respeito da *arte de viver* e recusam-se a corrigi-lo, temendo o despertar da consciência.

❇

A vida cristã é rica de beleza, de variadas paisagens incomparavelmente fartas de cor e luz, que convidam à meditação, à reflexão profunda, ao entusiasmo.

Ínsita na existência terrestre, fala das oportunidades que se desenham para o futuro, enquanto faculta a harmonia pessoal, que se apresenta em clima de tranquilidade e de bem-estar.

EMPRESA
Obra ou desígnio levada a efeito por uma ou mais pessoas; trabalho, tarefa para a realização de um objetivo; empreendimento.

APÁTICO
Que apresenta apatia; indiferente, insensível.

EUFORIA
(Fig.) Entusiasmo, alegria exagerada e ger. repentina; exaltação.

COMPARTIR
Participar de; compartilhar.

TALANTE
Decisão dependente apenas da vontade; alvedrio, arbítrio, desejo.

IRREQUIETO
Que se caracteriza por ser extremamente ativo ou indagativo.

ESGAR
Careta de escárnio.

JÚBILO
Alegria extrema, grande contentamento; jubilação, regozijo.

Porque infinita, varia de propostas com frequência, porquanto conseguida uma etapa, outra se apresenta atraente e encantadora, estimulando novos avanços.

A alegria que se deriva do conhecimento do que se deseja realmente e de como consegui-lo preenche os vazios do coração e atende às imensas buscas da inteligência.

Não produz ruído e gera satisfação interna, irrigando todo o organismo de vibrações harmônicas, que produzem equilíbrio geral.

Jamais causa cansaço ou se torna monótona, ensejando claridade, interna e externa, que facilita a marcha no rumo da finalidade eleita: a plenitude!

O cristão, porque encontrou a razão fundamental da sua existência na Terra, é alegre, gentil e generoso. O seu é o júbilo irradiante da felicidade que jamais se interrompe, nem mesmo quando surgem embaraços ou desafios convidando-o a reflexões e lutas mais graves, pois compreende que essas situações estão incursas no programa traçado. Para chegar a seu termo, investe todos os esforços possíveis, confiando no êxito, ao mesmo tempo experimentando o prazer de executá-lo.

É sempre alegre, mas nunca leviano; jovial, porém severo para consigo mesmo; sensível, no entanto forte; agradável, todavia sincero, não negociando com a mentira nem a incorporando aos seus hábitos, dos quais foi banida.

Participa das atividades gerais sem escravizar-se a nenhuma. É obstinado pelo que anela, sem fazer-se agressivo ou rude.

Interiorizando os valores do Espírito, que desenvolve e multiplica pela ação do bem, exterioriza autorrealização que desperta interesse em todos aqueles que o cercam, pelas ondas de paz que irradia.

As suas forças sempre se multiplicam, porque as vitaliza com o pensamento ligado às Esferas superiores, sem que isso

INCURSO
Que incorreu; que se acha comprometido, incluído, envolvido (freq. em coisa ou situação desagradável).

TERMO
Fim, remate ou conclusão no espaço ou no tempo.

lhe proporcione qualquer tipo de trauma ou frustração em relação à existência terrena.

Como tem por meta a imortalidade, torna a jornada física uma experiência de amor e de iluminação gratificante, ornando-a de lições abençoadas, de cujo conteúdo se nutre e *aformoseia*.

AFORMOSEAR
Tornar(-se) formoso; embelezar(-se).

A vida cristã é a única que pode proporcionar a alegria perfeita, essa que conduz a alma ao êxtase, no qual o Espírito e a matéria vivem as emoções do bom, do belo e do pleno.

❀

Desvestida de místicas, a vida cristã é uma proposta filosófica e psicológica saudável, porque elimina os medos que se apresentam como fantasmas perturbadores do comportamento pessoal. Elucidando que todas as ocorrências estão sujeitas à lei do mérito ou demérito, equipa o indivíduo para enfrentar as *vicissitudes*, os sofrimentos, a velhice, as enfermidades e a morte, com naturalidade, dispondo-o a fortalecer-se moralmente, assim as superando, quando por ele defrontadas. E, ao invés de sentir-se desanimar, possui valor moral para considerá-las recursos iluminativos e rejubilar-se.

VICISSITUDE
Sequência de coisas que se sucedem.

A alegria não apenas deriva das ocorrências agradáveis, mas também de todas as outras que se apresentem e sejam administradas corretamente, delas retirando sempre resultados proveitosos.

Para o êxito, porém, de tal empresa – a busca da alegria perfeita –, é necessário travar conhecimento com Jesus e sentir-Lhe a magnanimidade, a excelsitude, entrar em sintonia com Ele.

Praga – República Tcheca, 18 de junho de 1997.

19

INSTRUMENTO DIVINO

O corpo é instrumento valioso que o Criador concede ao Espírito para facilitar-lhe o processo de evolução, etapa a etapa, através dos milênios em fora.

Elaborado pela condensação da energia que se expressa em forma de diferentes micropartículas até apresentar-se com textura, é laboratório de inestimável significado, que merece todo o investimento de amor e de respeito, de carinho e de cuidadosa preservação, a fim de que possa preencher a finalidade para a qual foi construído.

São sessenta trilhões de células no organismo adulto, que se derivaram do neuroblasto, graças ao milagre da cariocinese. Dentre os indiscutíveis órgãos que o constituem, o cérebro é formado por mais de setenta bilhões de neurônios insubstituíveis, portadores de incomparáveis mistérios, entre outros o de responsável pelo comando de todo o conjunto. É possuidor de um sistema de autorreparação de equipamentos como não existe igual. O sangue, que o vitaliza, viaja por quase cento e setenta mil quilômetros de artérias, veias e vasos menores para levar alimento a todas as células, ao mesmo tempo que carrega as toxinas que devem ser eliminadas. Equilibra-se harmoniosamente no conjunto da Natureza, apresentando funções complexas

NEUROBLASTO
Célula nervosa embrionária.

CARIOCINESE
Divisão do núcleo celular que ocorre durante o processo de mitose; cariodiérese.

quão variadas, e, suportando pressões atmosféricas diferentes, é o mais perfeito e valioso conjunto que jamais pôde ser contemplado e analisado devidamente.

Ainda incompreendido, suas funções sofrem os impactos do comportamento mental e moral do seu portador, aprimorando-se ou degenerando-o, graças à conduta dele, seu comandante temporário.

Vigoroso, com resistência para grandes desafios e lutas, vence distâncias imensuráveis e possui uma elasticidade invejável, com possibilidades de adaptação que produzem espanto.

Ao mesmo tempo, é frágil e pode deperecer e decompor-se com rapidez, em face da ocorrência de pequenos danos na sua maquinaria, degenerando com facilidade quando relegado ao descuido, tornando-se campo de toxinas venenosas que o desconectam em consequência de viciações mentais simples...

O corpo é aparelho abençoado que deve ser conservado com obstinação e devotamento, ampliando-se-lhe a existência, de modo que proporcione ao Espírito o cumprimento dos labores que, antes da reencarnação, propôs-se a realizar.

Qualquer ultraje que lhe seja direcionado, toda desconsideração a que vá submetido, os ataques mentais que lhe forem direcionados, os comportamentos atentatórios à sua harmonia afetá-lo-ão de maneira irreparável, dificultando-lhe o equilíbrio e até mesmo conspirando contra a sua permanência.

Quanto mais belo, quanto mais limitado, tanto mais harmônico, tanto mais deformado, saudável ou enfermiço, encontra-se a serviço da elevação intelecto-moral do ser espiritual em processo de sublimação.

❁

Ama o teu corpo e respeita-o com a consciência de dever para com ele, que te é valioso mecanismo de elevação.

IMENSURÁVEL
Que não se pode medir, não mensurável; imenso, ilimitado, incomensurável.

ULTRAJE
Ofensa muito grave; afronta, desacato.

Nunca suponhas que as incursões à loucura desenfreada ou à insanidade de comportamento, ao prazer alucinante, ao vício desconcertante, ao crime violento, às denominadas tentações tenham nele procedência.

Na sua condição de instrumento, ele reflete e executa as ordens que procedem do comando. Por isso mesmo, não é o corpo que se torna *fraco*, porquanto essa força ou debilidade provém do Espírito, que é o seu organizador através do perispírito, que atende aos conteúdos morais acumulados, que se encarregam de impor-lhe desejos e aspirações, valores éticos e desordens de todo porte.

Doutrinas ultrapassadas, receosas das paixões vis das próprias criaturas humanas, em fases primárias da consciência e do conhecimento, teimaram em humilhá-lo, execrando-o e dilacerando-o mediante cilícios cruéis, pela impossibilidade de superarem a inferioridade através do bem a que se pudessem vincular.

Ainda remanescem alguns desses métodos patológicos, ameaçando a organização física pelas deficiências morais do Espírito, quando ela é máquina submissa que apenas realiza o que lhe é imposto.

Conserva o teu corpo e vitaliza-o com pensamentos elevados, dignos e enriquecedores, a fim de que ditosos sejam os teus dias na Terra.

Administra-lhe os limites e dificuldades com exercícios e caminhadas; no entanto, leva-o também a direcionar-se no rumo das mansardas e favelas, dos albergues e casebres onde se estorcega a infelicidade em mil modos de apresentar-se.

Nutre-o e cuida dele; mas não te esqueças de apresentá-lo aos deficientes físicos e aos limitados mentais, de forma que a solidariedade não desapareça nas águas do lago onde Narciso se contemplava...

VIL
Que tem pouco valor, não presta; reles, ordinário.

EXECRAR
Ter ódio, aversão ou abominação a (alguém ou si mesmo); amaldiçoar(-se), detestar(-se).

CILÍCIOS
Antiga veste ou faixa de crina ou de pano grosseiro e áspero usado sobre a pele por penitência.

PATOLÓGICO
Que revela doença; mórbido, doentio.

MANSARDA
(Por ext.) Morada miserável.

Faculta-lhe as emoções enriquecedoras e nobres; todavia, proporciona-lhe a participação naqueloutras que se derivam da arte e da ciência de servir, para que se lhe consolidem os sentimentos de amor ao próximo no corpo a corpo do cotidiano.

Educa-o de maneira a apresentar-se com distinção e leveza; entretanto, favorece-o também com a disciplina moral que se irradia, abençoando os amigos que se sentirão comprazidos de viver ao teu lado.

MORIGERADO
Que denota bons costumes; que leva vida irrepreensível, irreprochável; morígero.

Não o castigues sob condição alguma, mantendo-o morigerado, com hábitos comedidos, que te facilitarão reparar erros e condutas improcedentes.

COMEDIDO
Que se comediu; que pensa, age ou se comporta com comedimento (virtude da prudência).

Em qualquer situação, respeita-o em público ou em privado, tendo em vista que é o teu domicílio temporário, que devolverás à mãe Natureza de onde proveio e ali se transformará indefinidamente no mundo incessante das formas e da energia.

Teu corpo – tua existência física.

Tua existência – tua realidade espiritual.

Vive de tal forma que nunca te arrependerás de o haveres amado, honrado e adornado de luz, para que, no momento da ocorrência final, ele, despindo-te, revele-te um ser em luz que deverás ser.

❈

INUMAÇÃO
Ato, processo ou efeito de inumar; enterramento, enterro, sepultamento.

Após os trágicos acontecimentos do Gólgota e a inumação cadavérica do Incomparável Amigo, pairou no coração dos que ficaram a angústia da situação, enquanto as sombras do desencanto e da saudade lhes dominavam as paisagens do sentimento atribulado.

AMAINAR
(Fig.) Tornar(-se) sereno; abrandar(-se), acalmar(-se), diminuir.

Quase sem esperanças, aguardavam que amainasse o vendaval dos ódios, a fim de voltarem vencidos aos lares que haviam deixado em festa, quando, ao terceiro dia, chegou a notícia alvissareira de que Ele houvera ressuscitado e se

ALVISSAREIRO
Que ou o que leva ou dá boas-novas, que anuncia ou prenuncia acontecimento feliz.

Sendas luminosas

apresentara em *corpo de luz*, no pequeno jardim próximo ao túmulo então vazio...

Ama, portanto, esse instrumento divino e torna-te, através dele, um ser em luz.

Praga – República Tcheca, 19 de junho de 1997.

20

LEMBRANÇAS DO PASSADO

Da Sabedoria Divina procede o olvido do passado humano, na condição de ato de justiça, por cujo concurso a caminhada evolutiva se torna mais suave e estimulante.

OLVIDO
Ato, processo ou efeito de olvidar(-se), esquecer(-se); esquecimento, olvidamento, deslembrança.

Sem as recordações deprimentes, os passos podem ser mais firmes e ambiciosos, a confiança não se entibia ante o receio de novos fracassos.

Encerrada a experiência na carne, permanecem impressos os pensamentos mantidos e os atos praticados que se convertem em impositivos para os futuros cometimentos da evolução.

A carga de informações acumuladas, muitas vezes negativas e perturbadoras, fica arquivada, de forma que a sua recordação não perturbe os novos tentames depurativos e enobrecedores.

DEPURATIVO
Que ou o que depura (purificar, limpar).

Evita-se, dessa maneira, o forte ressumar das dificuldades e dos sentimentos contraditórios que antes geram desequilíbrio, levando ao fracasso. As animosidades e os afetos preferenciais se apresentam atenuados pelo esquecimento,

ANIMOSIDADE
Má vontade constante; aversão, rancor, ressentimento.

proporcionando novos relacionamentos, sem o que permaneceria estreito e sem significado o círculo das afeições, experimentando-se contínuos choques emocionais em relação a uns como a outros, que não variavam.

A presença da culpa seria insuportável, constituindo-se fardo demasiado opressor.

Apesar desse olvido, reaparece sutil ou vigorosamente, como consciência que se autopune em novo processo reencarnatório, dando surgimento a transtornos neuróticos e psicóticos.

O limite de resistência de cada criatura se encontra na capacidade de administrar os problemas pessoais e os desafios estruturais da sociedade, o que nem sempre ocorre favoravelmente.

São muitos aqueles que tombam vencidos diante de pequenos infortúnios que poderiam ser superados facilmente, caso se resolvessem por enfrentá-los com naturalidade; outros se afadigam e desgastam ante ocorrências de pequena monta, desarticulando aspirações e programas que deveriam ser realizados e ficam ao abandono...

O ser humano é muito complexo, e cada um necessita de tratamento específico, sem o que a generalização somente produzirá danos mais graves.

Tendo em vista essa fragilidade temporária do Espírito em desenvolvimento, as lembranças das reencarnações devem permanecer silenciadas até quando, possuindo condições de recatalogá-las e utilizá-las idealmente, supere o impedimento da memória, procedendo corretamente.

❧

Trazidas as recordações do passado à memória atual, grandes desafios existenciais se estabeleceriam entre as pessoas individualmente e a cada uma em relação aos grupos familiares.

Adversários que retornam na indumentária do parentesco físico, em estados desesperadores, se fossem identificados, seriam rechaçados de imediato. Assim mesmo, a sua simples presença fluídica, no ato da reencarnação, gera reações inesperadas nos futuros genitores, aos quais estão unidos por vínculos de animosidade, tendo a gestação interrompida ou odiada, sem que haja lúcido conhecimento das ocorrências infelizes de outrora...

OUTRORA
Em tempos passados; no passado, antigamente.

Paixões que se extravasaram em crimes hediondos trazem as suas personagens ao proscênio da carne para reparações inadiáveis, reacendendo a chama dos interesses que comburem os sentimentos e produzem climas de complexa e patológica afetividade...

PROSCÊNIO
Lugar onde acontecem fatos à vista de todos; arena, cenário.

Identificar as ocorrências transatas traria de volta o conhecimento de fatos e pessoas que devem continuar no momentâneo esquecimento, evitando-se inoportunas informações que poderiam servir de instrumento para desforços morais e acusações insensatas, que mais complicariam os relacionamentos.

DESFORÇO
Ação de desforçar(-se); desafronta, desagravo, desforçamento, vingança.

O receio de novos insucessos frearia muitos intentos novos, diminuindo o entusiasmo pela vida.

INTENTO
Aquilo que se pretende fazer; desígnio, intenção, propósito, objetivo.

Os fantasmas dos sofrimentos vivenciados assomariam à consciência, produzindo depressões e complexos de inferioridade muito afligentes.

ASSOMAR
Principiar a mostrar-se; aparecer, surgir.

Posições sociais relevantes, situações econômicas, poderes políticos e religiosos revividos com intensidade de lembranças afetariam a atualidade com reações imprevisíveis. Os dominadores, agora dominados; os ricos, ora empobrecidos; os famosos, atravessando o anonimato, e os senhores, vivenciando a servidão, provavelmente se rebelariam, maldizendo a situação que lhes pareceria injusta, ou a presunção, a soberba e o orgulho os tomariam, novamente prejudicando as atuais possibilidades de recomeço e de reparação.

MALDIZER
Dirigir imprecações contra; amaldiçoar, imprecar, praguejar.

SOBERBA
(Pej.) Comportamento excessivamente orgulhoso; arrogância, presunção.

Ignorando a procedência e as vivências anteriores, muitos indivíduos se apresentam exibindo falsa superioridade, mantendo-se distantes daqueles que consideram inferiores, não admitindo situações de humildade, que lhes parecem humilhantes, perdendo excelentes oportunidades de desenvolvimento moral e espiritual. Tivessem a nítida certeza do que foram, apresentar-se-iam mais insensíveis e arrogantes, desprezando todos aqueles que seriam considerados inferiores.

Ademais, o organismo não suportaria a volumosa carga de emoções decorrentes das lembranças, produzindo desequilíbrios na maquinaria psicofísica.

A capacidade psicológica do ser humano para conduzir problemas tem limite e qualquer excesso desorganiza-lhe o funcionamento.

❁

Não obstante, é possível ter-se ideia do que se foi, onde se viveu em outras reencarnações, graças às tendências, aptidões, gostos, facilidades de realização, que se apresentam como inclinações atuais, convidando ao crescimento intelecto-moral.

Somente há evolução, e o Espírito jamais retrograda, sendo hoje melhor do que ontem e preparando-se para o futuro mais promissor.

> **RETROGRADAR**
> Retroceder ou fazer retroceder; recuar.

O passado é senhor de realizações negativas irrecuperáveis, mas o porvir é bênção que se encontra ao alcance de todos, oferecendo ensejo para acumular as experiências e depositá-las junto aos tesouros já existentes.

> **PORVIR**
> O tempo que está por vir, por acontecer; futuro.

Nunca será de utilidade a recordação do passado, exceto quando possa trazer benefícios reais para o bem-estar moral e recurso de evolução.

O presente, no entanto, porta de acesso ao futuro, oferece os meios para a libertação do *ego*, das paixões asselvajadas e conquista do universo interior.

Seguir em frente, trabalhando sem descanso e autoiluminando-se é o lema da atualidade.

Viena – Áustria, 20 de junho de 1997.

21

EVANGELHO E BÊNÇÃO

Jesus denominou a Sua Doutrina como Boa-nova, em razão do conteúdo especial de que era portadora.

Em um mundo decadente, no qual prevalecia a dominação pela força, os valores éticos se encontravam ultrajados, a cultura vilipendiada e o conhecimento retido pela ignorância, Jesus abriu a Sua boca e ensinou os ideais incomparáveis da vida, concitando à liberdade interior, ao conhecimento de si mesmo, à identificação do *deus interno*, à busca da Verdade fora da limitação dos templos gigantescos e vazios de luz, à perfeita fraternidade, à vivência do amor em todas as suas dimensões, à prática do bem, única forma de dignificação humana possível...

Compreensivelmente, não havia lugar para essa revolução de base, que deveria mudar os destinos dos homens e das nações, caso fosse vivida integralmente com a pureza por Ele ministrada.

Predominando o charco das paixões asselvajadas, a corrupção dos sentimentos e do caráter, a escravidão de um homem por outro, a submissão política, o medo religioso, as diferenças de classes sociais e econômicas, os prejuízos da mulher, Ele se ergueu e apresentou os meios para a superação dos

BOA-NOVA
Notícia da salvação do mundo por Jesus Cristo; Evangelho.

VILIPENDIADO
Que sofreu ou foi vítima de vilipêndio, desprezo, desdém.

CONCITAR
Convencer, persuadir (outrem) a praticar (uma ação, ger. de caráter negativo e/ou violento); instigar, incitar, estimular.

vícios, mudando o conceito de honra, propondo a libertação íntima (sem sujeição moral à governança do Estado ou à da fé religiosa), a igualdade de todos perante Deus – já que nascem nas mesmas condições de nudez física e se despedem do corpo, voltando à realidade do Mais-além – e, sobretudo, elevando a mulher ao posto que merece e à situação que lhe está reservada.

Essa força demolidora, que se apresentava na Sua palavra, era demasiado poderosa para os costumes vigentes e para os usurpadores do pensamento humano, e os governantes arbitrários quão violentos, experimentando reação compreensível, pensaram que a fariam desaparecer na vergonhosa tragédia do Gólgota, que Ele transformou em sinal de vitória sobre as circunstâncias dominantes e o primarismo desregrado.

Depois disso, o mundo nunca mais seria o mesmo.

É certo que ainda prevalecem os costumes bárbaros e os crimes hediondos; a traição e as ambições desarvoradas; os vícios e a desvalorização da criatura humana; os instrumentos de perseguição e violência; o abuso do poder e a subserviência degradante; os privilégios injustificáveis; os preconceitos de raça e de cor, de posição social e econômica...

> DESARVORADO
> (Por ext.) Que está descontrolado; desnorteado, desorientado.

Simultaneamente, permanece a Doutrina de Jesus, ainda desconhecida, ganhando terreno lento nos corações e nas mentes, alterando suavemente as paisagens sombrias e irisando de luz as almas desesperadas, submersas em trevas de dor e de desencanto.

> IRISAR
> (M.q.) Iriar; colorir(-se) com as cores, as nuanças do arco-íris; matizar(-se).

Em face do descrédito que se permitiram aqueles que se vêm apresentando como Seus discípulos, inclusive os que diziam representá-lO, dominados pelos desregramentos morais deste século de perversão e insensibilidade, os Espíritos voltam à Terra, a fim de reverter a ordem vigente, pelo despertamento das consciências para a vivência dessas *boas notícias*.

Sendas luminosas

Ainda amanhece na direção do Grande Dia, havendo predomínio da noite que bate em retirada, ante o Sol que se anuncia e parece tardar...

Jesus lentamente retorna, e a Sua palavra, hoje como ontem, tem o mesmo esplendor e significado, trabalhando as almas nos dois planos da vida, para que se instale o *reino de justiça e de solidariedade*, prenunciando a era de plenitude para a Humanidade.

Não é fácil a mudança de hábitos arraigados, multimilenarmente, na sociedade em conjunto e nos indivíduos em particular. Acostumados às situações que predominam, repetem os costumes em que se comprazem, mesmo quando sofrendo, receando alteração no comportamento, que lhes significaria um grande esforço, e a tendência natural é para a acomodação insensata naquilo em que se encontram.

A pouco e pouco, porém, a claridade do conhecimento e as aspirações de felicidade passam a preencher os espaços emocionais, conduzindo-os para as diferentes condutas.

Os prazeres, por mais se renovem, tendem a cansar; as dissipações, ainda que se apresentem agradáveis, terminam por provocar fastio; as excitações fortes exaurem; o poder entedia; os gozos, mesmo que se façam extravagantes e se multipliquem, perdem o significado...

Basta que se recordem os triunfos de um dia de povos e soberanos, de ricos e ociosos, de ditadores e portadores de beleza do passado, e todos eles reaparecem na tela da memória, sugados pelos dislates a que se entregaram, vencidos pelo tempo, abandonados pelos fâmulos que os bajulavam, sucumbidos...

O tempo a todos venceu, tornando-os vassalos das loucuras a que se entregaram ávidos de prazer, como se tudo devesse ficar reduzido às suas mudanças de humores e de interesses.

Aqueles, porém, que trabalharam e agem em favor dos ideais de renovação humana e de desenvolvimento das virtudes

---

DISSIPAÇÃO
(Fig.) Desregramento, devassidão, libertinagem.

FASTIO
Sentimento de enfado, aborrecimento, tédio.

EXAURIR
Tirar ou perder todo o conteúdo; consumir(-se).

DISLATE
Dito ou afirmação tola; asneira, bobagem, despautério.

FÂMULO
Pessoa que presta serviços domésticos; criado, empregado.

BAJULAR
Lisonjear para obter vantagens; adular.

VASSALO
(Fig.) Que se subordina a; dependente, submisso.

ÁVIDO
Que é insaciável; voraz.

espirituais, incompreendidos uns e perseguidos outros, vêm conquistando espaço e paz, irradiando alegria e bênçãos por onde passam e em favor de todos quantos com eles convivem.

Assinalados pela cruz do martírio, avançaram abrindo portas para os que viriam depois, alterando os rumos e os conceitos vigentes, de forma que os fracos e necessitados passassem a fruir dos seus direitos e fossem reconhecidos com dignidade.

A mirífica luz da Mensagem, que os tem repletado interiormente, espraia-se através dos tempos e ficam sinais de sua ação, convidando os que se apresentam cansados e oprimidos, os enfraquecidos na luta e abandonados, para que perseverem, insistindo pela conquista dos títulos de enobrecimento que o tempo não destrói, a morte não toma nem o túmulo consome.

❈

MAGNO
Que pela importância se sobrepõe a tudo que lhe é congênere; de grande relevância.

VERGASTAR
Golpear com vergasta; chicotear, chibatar, açoitar.

O Evangelho possui a solução para os magnos quão afligentes problemas que vergastam a sociedade e esmagam a criatura humana.

Aplicado conforme as propostas de que se reveste, mudará os rumos do pensamento contemporâneo e ampliará os horizontes das aspirações que se encontram nas criaturas, tornando-as legítimas, porque de sabor eterno.

Essa revolução, que começa no íntimo e se exterioriza ganhando espaços morais, é transformadora, devendo ser travada no campo de batalha da *consciência*, na qual *está escrita* a Lei de Deus, da qual procedem os planos e estratégias para a militância e o combate vitorioso.

Viena – Áustria, 21 de junho de 1997.

22

ÂNSIA DE VIDA

A definição do vocábulo *vida* apresentada por alguns dicionaristas restringe-a aos fenômenos biológicos, metabólicos, às reações, ao movimento, à reprodução, às atividades orgânicas...

Trata-se, evidentemente, de uma conceituação materialista, porque na morte a vida teria o seu encerramento, o que não corresponde à veracidade dos fatos, porquanto as evidências e a documentação a esse respeito são robustas e variadas em todas as épocas da Humanidade e em todos os povos.

Uma enunciação correta deveria esclarecer que ela prossegue depois da disjunção celular, ampliando-se na Imortalidade, quando se expressa integral e sem interrupção em toda a sua plenitude.

Considerando-a um feixe de fenômenos comandados por automatismos cerebrais, no caso dos animais, incluindo-se o ser humano, o materialismo deixa claro que a sua finalidade desaparece quando se desarticulam as partes constitutivas do organismo...

Como consequência, tomam corpo as doutrinas do hedonismo e do utilitarismo, por cuja proposta viver é uma experiência de curto prazo, na qual o prazer individual deve predominar

> **VOCÁBULO**
> (M.q.) Palavra.

> **ROBUSTO**
> (Fig.) Que não se abala, que não cede; firme, energético, inabalável, rígido.

> **DISJUNÇÃO**
> Ato ou efeito de disjungir; separação, desunião.

CULMINAR
Chegar ao auge, ao apogeu, ao ponto mais alto ou intenso de (alguma coisa boa ou má); atingir o máximo.

como programa de referência que justifica o próprio ato de existir. Esse prazer egoístico terminará por tornar-se geral no grupo, já que a vivência de cada qual culmina ao integrar-se na coletividade.

Assim sendo, as dores e as aflições, as dificuldades e as limitações tornam-se aberrações sem explicação, que a umas pessoas alcançam e a outras não, mas que aquelas que as sofrem, não tendo forças para suportá-las, têm o direito de interrompê-las a bel-prazer, evitando padecimentos destituídos de sentido e de significado psicológico...

Em razão dessa postura, a existência física deverá ser aproveitada totalmente, fruindo-se todas as concessões propiciadas pelas faculdades orgânicas, o intérmino prazer que leva à exaustão.

Essa conduta sensualista transforma o ser humano em *objeto* de uso e gozo, que não merece maior consideração, seja do ponto de vista filosófico, seja do psicológico.

Sem dúvida, é uma proposta totalmente ultrapassada, em razão da documentação preciosa em torno da imortalidade do ser e dos objetivos relevantes a respeito do seu destino.

Tais atitudes, apresentadas no passado como reação às imposições dogmáticas, poderiam atrair, como aconteceu, muitos simpatizantes, embora a antiguidade dos seus conteúdos, que remontam ao pensamento filosófico ancestral. Na atualidade, porém, em face das avançadas pesquisas em torno do Espírito e da sua comunicabilidade, já não encontram guarida nas pessoas que investigam a realidade do ser existencial.

❀

É compreensível que a vida física proporcione prazeres, alegrias e felicidade, que constituem recurso de valioso estímulo a fim de ser conduzida, particularmente quando se sabe da ocorrência dos fenômenos de dor e angústia, de doenças e desencantos que todos também experimentam em maior ou menor grau de intensidade.

A ânsia de vivê-la plenamente é uma necessidade espiritual, que não tem cabida nas experiências sensoriais exclusivas. O ser humano é mais do que o corpo que utiliza no processo de ascensão. Terminada uma etapa experimental, outra surge mais complexa e desafiadora, através de cujo curso alcança os píncaros da alegria sem jaça.

CABIDA
Cabimento; aceitação.

PÍNCARO
(Fig.) O grau mais elevado; auge.

Superando os imperativos utilitaristas estão as emoções estéticas, o júbilo de servir e de desenvolver programas que contribuem para a felicidade das demais pessoas, tornando-a dignificada pelo seu sentido existencial.

Michelangelo, nessa ânsia transcendental, atingiu o êxtase com os seus *Moisés*, *La Pietà*, a Capela Sistina...

Beethoven alcançou o ápice da harmonia ao compor a *Nona Sinfonia*...

Marie Curie, exausta e semiadormecida, conseguiu o clímax dos júbilos ao ver a irradiação que resultava dos seus experimentos...

Santa Catarina de Siena, mergulhada na contemplação, pairou acima das sensações físicas, na ânsia de sintonizar-se com Jesus...

PAIRAR
(Fig.) Estar sobranceiro, dominar do alto.

Estêvão, apedrejado, emergiu das dores físicas e flutuou nas vibrações sutis da liberdade total do corpo vencido...

Cristóvão Colombo entrou em arrebatamento íntimo ao defrontar as terras que buscava e sabia existirem...

Pasteur, pesquisando sem cessar, delirou de felicidade ao detectar os micro-organismos em cuja existência acreditava...

Todos eles, e inumeráveis outros, experimentaram esse arroubo de ventura incomparável, sem nenhum mecanismo patológico estabelecido pela Psiquiatria.

Lúcidos e integrados na Consciência Cósmica, alcançaram a finalidade da vida a que se dedicaram na Terra.

Mas não somente eles que se celebrizaram, e sim milhões de pessoas equilibradas, idealistas, que pugnaram pelos objetivos anelados e os lograram.

Essa ânsia de vida, que pulsa nos sentimentos e na inteligência dos seres humanos, obedece ao Tropismo Divino que os arrasta na Sua direção.

PUGNAR
Esforçar-se, insistir ao máximo para conseguir (algo).

❦

"Eu sou a vida abundante" – anunciou Jesus, que possuía os recursos hábeis para todos os gozos humanos. Mas, conhecedor da realidade única, demonstrou desinteresse por eles, em razão da sua duração efêmera, das aflições que logo surgem, da volúpia que se apresenta na *necessidade* para novos tentames.

EFÊMERO
O que dura pouco, o que é transitório.

Senhor dos Espíritos, viveu intensamente a alegria de ser pleno, de arrebanhar as criaturas na Sua direção, a fim de conduzi-las a Deus.

ARREBANHAR
Reunir(-se), juntar(-se) como em rebanho.

Os Seus ensinamentos, saturados de vitalidade, são ricos de beleza e ética, de sabedoria e amor, que constituem a mais salutar terapia que se conhece, tornando-se, nos dias atuais, verdadeira diretriz de saúde e bem-estar para os comportamentos alienados e infelizes.

SALUTAR
Que aumenta ou restabelece as forças; fortificante.

A ânsia de vida é a necessidade de superação dos limites orgânicos para conseguir-se a amplidão do Infinito.

Viena – Áustria, 22 de junho de 1997.

23

O MUNDO E JESUS

Na atual conjuntura humana, a opção por Jesus constitui um desafio de grande porte.

As ofertas mundanas, além de numerosas, dão respostas de prazer imediato.

Os sentidos físicos são espicaçados e se embriagam de luxúria, de divertimentos e gozos consecutivos.

A facilidade com que se consegue experienciar as alucinações e povoar o mundo íntimo de ilusões atrai, a cada momento, os incautos e deslocados do dever, em número assustador.

Pululam promessas mentirosas de felicidade, que não passam de exaltação dos órgãos físicos que logo tombam na exaustão.

...E a criatura se torna escrava espontânea de paixões e desejos crescentes, cuja volúpia não cessa, exaurindo as energias e nivelando todos em faixas turbulentas de comportamento.

Simultaneamente crescem a insensatez, o desinteresse ético pela existência, o jogo das conquistas de efêmera duração, as frustrações e as amarguras, a violência em todas as formas de expressão, e o crime nas suas trágicas facetas.

A sede de novas e contínuas sensações não se faz saciada, e os seus corifeus, atormentando-se sem cessar, transferem-se

ESPICAÇADO
Estimulado, aguçado.

INCAUTO
Diz-se de ou aquele que não tem cautela; descuidado, imprudente.

PULULAR
Abundar, sobejar, fervilhar, formigar.

FACETA
Aspecto peculiar que se observa em alguém ou algo, face.

CORIFEU
Pessoa de maior destaque ou influência em um grupo (esp. em movimentos políticos, religiosos etc.), em uma arte, em uma profissão; líder, chefe.

SANDICE
Ato, dito ou afirmação que traduz ignorância ou falta de inteligência; disparate, tolice, necedade, parvoíce.

BADULAQUE
Coisa miúda e de pouco valor.

FOGO-FÁTUO
(Fig.) Falso brilho, glória passageira.

de um para outro estado de conduta, entre a saturação, o desconforto e mais sandice.

O tempo, que os devora, parece insuficiente para atender aos desejos infrenes; o medo da enfermidade, da velhice e da morte empurra-os para novos festivais de embriaguez da razão.

Os badulaques eletrônicos os fascinam e os consomem, inquietando-os quanto às ininterruptas enxurradas de novas ofertas de *utilidades* bulhentas e sem valor, para os distrair e asfixiar.

Certamente, multiplicam-se também as conquistas valiosas que impulsionam ao progresso, que convidam à reflexão e à paz, utilizadas conscientemente apenas por número reduzido de criaturas, enquanto incontáveis ardem nas chamas mentirosas dos fogos-fátuos do desespero.

❋

O mundo e Jesus!

São duas as opções diante do ser humano.

O primeiro agrada, é devorador, envolve e passa rápido. A sua existência é irreal, embora necessária para o desenvolvimento e a evolução do Espírito.

O segundo transforma para melhor, mantém a vida, suaviza-a e permanece. A Sua proposta é libertadora, engrandece e aprimora para sempre.

O mundo é meio, Jesus é a meta.

A verdadeira sabedoria consiste em eleger Cristo e melhorar a sociedade mundana, trabalhando os seus valores e santificando-os, de forma que o processo existencial se faça enriquecedor e infinito.

As determinantes do mundo são a ilusão, o corpo, o *ego*. As de Jesus são a realidade, o ser profundo, a vida em plenitude.

Ninguém chegará a Cristo sem a travessia pelo mundo, assim como não sairá do dédalo das humanas paixões sem a inspiração e a atração d'Ele.

Utilizar-se dos recursos do século para amar e servir, lapidando as arestas e sublimando os sentimentos, eis como viver no mundo, sem lhe pertencer.

O filho disse ao pai (narra o Evangelho): – *Dá-me o que me pertence, pois desejo gozar, desfrutar a vida enquanto sou jovem.*

E o genitor lhe concedeu.

Ele foi, desperdiçou tudo, embriagou-se no prazer, exauriu-se e, para sobreviver, foi trabalhar em uma pocilga, alimentando-se com o repasto dos suínos.

Recordou-se, porém, na aflição superlativa que o tomou, que na casa do pai teria melhor tratamento, mais oportunidade, resolvendo retornar ao lar.

Recebido em festa, provocou ciúme no irmão que se portara em casa, fiel, dedicado, honrando a família.

O pai, porém, disse a este, que se queixara da forma como fora recebido o extravagante, o perdulário:

– *Teu irmão estava perdido, e eu o reencontrei, enquanto tu sempre estiveste ao meu lado, bem e salvo, por isso é grande a minha alegria com o retorno dele. Estava perdido, e eu o reencontrei.*

Da mesma forma, aquele que elege Jesus e se liberta do mundo se alegra e se une à família-amor, que o aguarda e o acata em júbilo, concedendo-lhe felicidade perene.

Viena – Áustria, 22 de junho de 1997.

DÉDALO
Emaranhado de caminhos; labirinto.

LAPIDAR
Aperfeiçoar, aprimorar, burilar.

ARESTAS
Características de uma personalidade difícil, com problemas de relacionamento.

POCILGA
Lugar sujo, imundo; curral de porcos.

REPASTO
Qualquer porção de alimento.

SUPERLATIVO
Elevado ao mais alto ponto ou grau.

PERDULÁRIO
Que ou aquele que gasta excessivamente; esbanjador, gastador.

ACATAR
Receber.

24

VIOLÊNCIA E LOUCURA

rrompe como um caudal sem controle, levando de roldão tudo quanto encontra pela frente, gerando destruição, ruína e morte. Presente na criatura humana – que é herdeira desse mecanismo instintivo de defesa predominante na fase primária da evolução –, a violência está-lhe ínsita como expressão de agressividade mal direcionada, que ainda não aprendeu a conduzir corretamente.

Explode por motivo de pequeno significado ou sem motivo algum, sendo responsável por terríveis danos que vêm prejudicando a sociedade, que se lhe torna vítima, ao mesmo tempo responsável por aceitar-lhe os ditames infelizes com os quais se vem acostumando.

A frequência com que estruge nos sentimentos e se torna fogo devorador tem caracterizado estes como dias da loucura que assola em toda parte.

Tornando os relacionamentos humanos cada vez mais difíceis, transformou a Terra em um campo de batalha perigoso, demonstrando que a ausência da guerra entre as nações não diminuiu a belicosidade entre os indivíduos.

Antes, nos conflitos bélicos, a violência atingia índices inimagináveis, quando os combatentes liberavam toda a carga

CAUDAL
Que ou o que jorra ou escorre em abundância (diz-se de corrente fluvial).

ROLDÃO
Lançamento com força, para longe; precipitação, arremessão.

DITAME
Ensinamento, conselho, princípio, aviso.

ESTRUGIR
Soar ou vibrar fortemente (em); estrondear, retumbar.

ASSOLAR
Pôr por terra; arrasar, destruir, devastar.

BELICOSIDADE
Característica do que é belicoso (que tem inclinação para a guerra, para o combate; que faz guerra por vocação e vezo; belígero; bélico).

de ódio represado e covardemente descarregavam-na contra outros agressores, mas também atingindo crianças, mulheres, enfermos e idosos indefesos, que eram submetidos a golpes de incomum crueldade...

Hoje, as comunidades se transformaram em territórios minados, nos quais os bandidos e os cidadãos conflitam-se em contínua atitude de violência, uns agredindo e outros se defendendo, de tal forma perturbando a ordem que os considerados pacíficos encontram-se armados e em expectativa, antecipando-se o direito de golpear primeiro, antes de serem feridos...

Chispas de ódio reluzem no olhar; semblantes contraídos traduzem desespero; desconfiança sistemática se exterioriza nas condutas; palavras ásperas são proferidas nos relacionamentos; gestos grotescos ameaçam em silêncio; fugas psicológicas escondem os sentimentos agressivos, expressando o estado de loucura em que se debatem homens e mulheres nesse momento.

A violência, que varre as ruas do mundo, começa no íntimo em desgoverno das pessoas, que se distanciaram da disciplina, do Amor de Deus e do próximo, portanto, do amor a si mesmas, ou que ainda permanecem nas faixas mais primitivas do desenvolvimento moral, rastejando nas sombras dos instintos que predominam na sua natureza.

A agressividade é natural no ser humano, faz-lhe parte da vida e, bem direcionada, pode responder pelas conquistas do pensamento, da arte, da ciência, da tecnologia, da religião, quando os seus idealistas não se detêm, em face da certeza que os sustenta a respeito da excelência de propósitos que perseguem. Para o desiderato feliz, a agressividade se torna indispensável por constituir-se força promotora da luta edificante e, ao mesmo tempo, estímulo à coragem.

> **CHISPA**
> Brilho rápido; fulgor momentâneo; lampejo.

Sendas luminosas

A violência, no entanto, que é típica somente do ser humano, decorre da sua faculdade de pensar, que o leva a tomar o que poderia pedir, a agredir, quando deveria dialogar. Não poucas vezes se confunde a violência com a agressividade, na suposição falsa de que é a única forma eficaz de conseguir-se o que se almeja.

> **ALMEJAR**
> Desejar ardentemente, com ânsia; anelar.

Assim considerando, toda violência é uma forma de agressão; porém, a agressão, em si mesma, não é violência e somente se transforma quando supera o controle que deve ser mantido, tornando-se loucura e hediondez.

Há, no entanto, outras formas de violência, que são aquelas não consideradas e que dão origem às outras, às que estrugem desenfreadas e criminosas.

Todo desrespeito ao direito alheio é uma forma de violência, bem como a maledicência, a traição, o adultério, a calúnia, a inveja, a opressão sob qualquer aspecto, desde que atentando contra a liberdade, a conduta, que a todos são facultadas.

Infelizmente, por enquanto, os mecanismos de que a sociedade dispõe para se opor à violência são de caráter repressivo – igualmente violentos –, quando deveriam ser reeducativos, de forma que o paciente infeliz se recuperasse do desequilíbrio e pudesse devolver em bênçãos o que lesou pela alucinação.

Há indivíduos patologicamente violentos e, portanto, necessitados de conveniente internamento para serem tratados com dignidade. Todavia, a grande maioria se apresenta desestruturada por vários fatores psicossociais, socioeconômicos, morais e emocionais, que estão a exigir uma correta orientação educacional, a fim de que a disciplina e a compreensão dos valores da vida constituam diretrizes de segurança e de paz.

A violência vem dominando o mundo e as consciências, quando são impostos regimes políticos, condutas sociais, convicções religiosas, ideologias que se fazem aceitar pela força, o que tem resultado em acúmulo de iras que se convertem em mágoas e ódios, ampliando os ressentimentos e dando lugar às explosões periódicas de rebeliões e crimes ferozes.

Enquanto predominem a rebeldia e a indisciplina do instinto não submetido à razão, a violência governará o ser humano.

A ambição desmedida de ser o que ainda não conseguiu, de possuir de qualquer maneira o que lhe falta, de sobrepor-se ao seu próximo e dominá-lo sob a tirania do orgulho, da presunção ou dos *conflitos de inferioridade*, que o infelicitam, fará o indivíduo violento.

❋

A mansuetude, a pacificação, a humildade, a paciência, a brandura são métodos mais eficazes para se enfrentar a violência.

Não violência é amor em elevado grau, que permite considerar o agressor como enfermo, oferecendo-lhe a *resistência pacífica*, a fim de neutralizar-lhe a fúria desencadeada pelas paixões inferiores.

A violência se encontra associada à loucura, à irreflexão, à agressividade alucinada, que a mente centrada em Jesus, o Pacificador por excelência, poderá transformar em energia dinâmica, positiva, a ser canalizada para os objetivos relevantes de realização espiritual, construindo uma nova sociedade, harmônica e feliz.

Viena – Áustria, 23 de junho de 1997.

25

EXALTAÇÃO À VIDA

A vida, como quer que se expresse, é desafio que merece reflexão.

Inata, em todas as coisas, *dorme* no mineral por milhões de anos até sonhar no vegetal, quando tem início o despertar das suas potencialidades extraordinárias e de difícil apreensão mesmo pelas inteligências mais primorosas.

INATO
Que pertence ao ser desde o seu nascimento; inerente, natural, congênito.

Atravessando o silêncio dos tempos, adquire maior sensibilidade no animal, por meio do instinto que desvela, desenvolvendo o sistema nervoso, que se aprimora, e no ser humano alcança a dimensão grandiosa que ruma para a plenitude espiritual.

Assim considerando, é indispensável investir todos os valores intelecto-morais em favor da sua preservação.

Originada no Psiquismo Divino como um campo primordial de energia, conduz todos os elementos indispensáveis ao seu engrandecimento durante a trajetória que lhe cumpre desenvolver, até lograr a fatalidade que lhe está destinada.

FATALIDADE
Destino que não se pode evitar; fado, fatalismo.

Não raro confundida com automatismos ou pulsações caóticas do acaso, é a mais pujante expressão da realidade que dá origem a todas as coisas.

PUJANTE
Em que há abundância; profuso, rico, copioso.

Para onde se direcione o pensamento e se proceda a observações, ei-la que se apresenta enriquecedora, convidando a reflexões acuradas.

A vida, em si mesma, é a *alma* da Criação, entoando um hino de exaltação ao existir, merecendo respeito e admiração.

✿

Por mais o ser humano se rebele e deseje fugir do fenômeno da vida, mais a defronta, porquanto jamais se extingue.

Impulso que parte da vibração inicial e adquire complexidade, faculta o entendimento de si mesma em penosas circunstâncias, quando atrelada à revolta e à ignorância, ou se dá com ternura e júbilo através da correnteza do amor e seus estímulos.

Desse modo, ama a tudo e a todos, deixando-te arrebatar pela excelência dos acontecimentos, que te constituem razões de aprendizado para a aquisição da beleza a que te destinas.

Contribui em favor do seu desabrochar mediante a razão bem orientada e a emoção equilibrada.

És vida e és parte essencial da Vida em tudo manifestada.

Oferece a tua contribuição de harmonia, nunca a depredando nem gerando embaraços que lhe possam perturbar a marcha.

À medida que cresças interiormente, mais entenderás as Leis de Equilíbrio que a regem e os objetivos elevados que encerra.

ENCERRAR
Conter em si, incluir, compreender.

ARREGIMENTAR
Reunir, juntar.

Ante o ritmo pulsante do Universo, adapta o passo das tuas realizações e arregimenta forças para seguir no rumo do Infinito.

Quanto mais conquistes espaços-luz, mais se te apresentarão outras dimensões a penetrar.

Nunca cessando, a vida te conduz ao Cosmo, em mergulho de consciência lúcida no oceano da sabedoria.

Sendas luminosas

Respeita a vida em qualquer aspecto que se apresente.

Limpa uma vala, planta uma árvore, semeia um grão, viabiliza uma ocorrência enobrecedora, oferta um copo com água fria, brinda um sorriso, sê útil de qualquer maneira...

A vida transcorrerá para ti conforme a desenvolvas.

Diante de qualquer dificuldade, insiste com amor e aguarda os resultados, sem aflição.

Não blasfemes, nem te rebeles, quando algo não te corresponder à expectativa.

BLASFEMAR
Rogar praga(s); amaldiçoar.

És vida em ti mesmo, e o exterior sempre refletirá o que cultives internamente.

Jamais te evadirás da tua realidade.

Assim, torna enriquecedora e produtiva a tua existência, sendo um hino de louvor e de exaltação à vida.

Viena – Áustria, 23 de junho de 1997.

26

CONQUISTAS DO AMOR

O amor é sempre o responsável por tudo quanto existe. Quando se encontra presente, resplende a beleza e se ampliam as perspectivas de felicidade em toda parte. Quando ausente, de alguma forma, fenece a esperança, cresta-se a paisagem, a dor se instala e a amargura dilata as suas fronteiras, produzindo morbo e desolação.

Isso, porque o amor é Deus vibrando de contínuo em tudo e em todos.

O amor expressa-se através da claridade do sol, da brisa venturosa, do silêncio ou das vozes da Natureza em festa, do sorriso da criança descuidada, da expressão de ternura do ancião, do olhar sonhador do artista, do braço forte do lutador, da aspiração do sacrifício do mártir, da esperança do servidor, da alegria que estua na alma de quem espera ternura e compreensão...

O amor é paciente e confiante, irradiando-se como suave luz que aquece e clarifica o caminho.

Nunca se cansa e jamais desiste.

Quando tudo se encontra amortalhado pela imperfeição, o amor trabalha as formas e arranca do grotesco o belo, do charco o jardim, do deserto o pomar, da aridez a

MORBO
Estado de quem ou do que apresenta alguma patologia, condição doentia; enfermidade, moléstia.

ESTUAR
(Fig.) Agitar-se com fervor; vibrar.

AMORTALHADO
Coberto; envolvido.

ARIDEZ
Qualidade ou estado do que é árido (que pouco ou nada produz; estéril).

fonte generosa, porque possui o poder de alterar todos os contornos da vida.

O amor vivifica e constrói o mundo, sendo o escultor privilegiado de tudo quanto existe, porquanto é vitalizado por Deus.

Ausente o amor, a vida se faz triste, o sonho se converte em pesadelo, a esperança deperece, a alegria emurchece no coração, a confiança se entibia, a ação diminui, o bem desaparece...

Aquele que o não sente faz-se verdugo de si mesmo, espalhando morbidez e impiedade. Por onde passa, escraviza, infelicita, deixa marcas de destruição, porque se encontra destruído interiormente.

> **VERDUGO**
> Indivíduo cruel, que inflige maus-tratos a alguém; carrasco, algoz.

O ódio segue-lhe as pegadas, o desespero amaldiçoa-o, a desgraça persegue-o, a morte sombreia-lhe a consciência, e a sua é sempre a presença do desencanto e aflição.

Sem paz, a ninguém permite harmonia; sem júbilo, distribui azedume.

> **AZEDUME**
> Estado de espírito que reflete amargor, agastamento; aziúme.

O amor, porém, dilui todas as sombras, enfloresce-se sobre os escombros e reconstrói sobre a destruição.

É o amor que alimenta a noite daqueles que esperam, o silêncio dos que oram, a coragem dos que se entregam ao bem, a determinação de quem não cessa de lutar.

Sem amor, a vida não tem sentido.

Afligias-te, porque não fruías as bênçãos do amor que te aquecesse o coração, embora o espalhasses por onde seguias.

Acreditavas que nunca terias a ventura de sentir-lhe o calor nem experimentar-lhe a resposta aos teus apelos silenciosos, ricos de ternura e de carinho.

Seguias adiante, espalhando as estrelas do amor na Terra e contemplando o Céu, aguardando a tua migalha de luz.

Os anos seguiam-se solitários e doridos. Não obstante estivesses com o coração embriagado de afeição, despejavas no vaso da fraternidade geral todas as gotas do carinho que gostarias de oferecer a alguém especial, que te fitasse com encantamento, que te falasse sem palavras, que te envolvesse em doce enlevo.

Já te sentias com os pés feridos pela urze do caminho áspero, porque o teu amor não chegava ao coração ansioso, para ajudar-te a balsamizar as feridas.

Seguias, no entanto, cantando a magia do amor, as bênçãos de amar sem ser amado, levando a felicidade do aquecer das mãos e dos sentimentos enregelados daqueles que não mais acreditavam na vida.

E conseguias fazer que, com o teu amor, o cardo desabrochasse flores e desatasse perfumes; a greta da rocha sorrisse, na primavera, em forma de folhas verdes delicadas e ricas de vida; os corações que pretendiam desistir da luta se entusiasmassem, invejando-te a riqueza dos sentimentos.

Ninguém sabia que amavas a todos, embora a sós, sem que ninguém te compartilhasse as emoções, e não compreendiam como conseguias seguir com tanto brilho e alegria, desde que, aparentemente, faltava-te o licor forte do amor de alguém.

Fizeste bem em refugiar-te em Jesus, o doce Amor não amado, em cujo aconchego renovavas as forças, ampliavas a capacidade de doação e adquirias coragem para esperar.

Ninguém a sós, porém, no mundo, que não se encontre vinculado ao amor poderoso de outra alma que lhe constitui apoio e luz, apesar de não a ter ao lado.

Sabias dessa realidade, e continuavas entoando o teu hino, enquanto aguardavas.

Naquelas horas, quando as lágrimas dos sofrimentos perolavam os teus olhos, gostarias que alguém especial as recolhesse; quando a solidão se te fazia mais vigorosa, quase te

---

FITAR
Fixar(-se) [a vista] em; cravar(-se), firmar(-se), mirar(-se).

ENLEVO
Sensação de êxtase; arroubo, deleite.

URZE
Denominação comum a várias plantas da família das ericáceas, especialmente as do gênero Erica; abetoiro.

BALSAMIZAR
Tornar menos incômodo ou doloroso; aliviar; amenizar; confortar; mitigar.

ENREGELADO
Que se enregelou; muito frio; congelado.

CARDO
Design. comum às plantas do gên. Carduus, da fam. das compostas, nativas da Europa, da Ásia, do Mediterrâneo e das regiões montanhosas do Leste da África, e muito semelhantes às plantas do gên. Cirsium.

PEROLAR
(M.q.) Perlar; dar formato ou aparência de pérola a; perolizar.

aniquilando, sonhavas com alguém que se fizesse presente ao teu lado; quando o peso dos anos se avolumava, temias partir sem haver contemplado os olhos do amor, vivido sem viver.

Nunca desesperaste, porém, prosseguindo pelos caminhos do amor.

O amor não falha. Às vezes tarda, para chegar sorrindo; demora-se distante, para não mais se afastar; mantém-se silencioso, para poder cantar sem cansaço a melodia da infinita ternura que possui.

Prossegue confiante. Não partirás da Terra sem receberes o teu *ósculo* de alento. E, se por acaso o amor não te envolver nessa onda de ternura e de sustentação que ambicionas, recorda-te dos mártires da fé, dos campeões do progresso, dos heróis do bem em todos os tempos e lugares.

> **ÓSCULO**
> (M.q.) Beijo ('efeito de tocar'; 'efeito de roçar').

❋

As conquistas do amor são infinitas e eternas, porque direcionadas por Deus.

Doa-te, pois, ao amor, especialmente àqueles que o não conhecem, tornando a Terra menos árida de sentimentos, menos rude ao desenvolvimento da alegria, e sê tu quem poderá falar da felicidade de amar, mesmo que tenhas a taça do coração vazia de retribuição.

O Senhor, a Quem amas, receber-te-á, afetuoso, convidando-te, após as vicissitudes e a longa marcha solitária, a que te embriagues de paz e de felicidade no Seu amor.

Não desistas, portanto, jamais, mesmo que estejas sem forças, neste momento que te prenuncia a etapa final...

Düsseldorf – Alemanha, 24 de junho de 1997.

27

MORTE E ATAVIOS

As técnicas utilizadas pelos religiosos, a fim de disfarçarem a presença da morte no mundo, somente têm mantido a ignorância a respeito da realidade da disjunção do fenômeno biológico.

Sem a coragem de demonstrar que a vida continua e que o ser se transfere para a imortalidade com as conquistas que lhe assinalaram a existência, mascaram a morte com **exéquias** pomposas quão desnecessárias, criando cultos e cerimoniais destituídos de sentimentos morais.

Envolveram-na, dessa forma, em indumentárias tristes, assinaladas por **cantochões fúnebres** e deprimentes, mediante os quais prometem administrar os **desígnios** de Deus, perdoando culpas e promovendo à felicidade aqueles cujas existências nem sempre foram pautadas na reta conduta e na ação dignificadora.

Luxo e ostentação **lúgubres**, com tecidos negros de veludo e de seda, aromas que se erguem dos **turíbulos** em brasa e palavras rituais ditas com monotonia assinalam o espetáculo que precede ao sepultamento, como se essas distinções, que estão na razão direta das posses econômicas e sociais do extinto, pudessem alterar o destino que o aguarda.

EXÉQUIAS
Cerimônias ou honras fúnebres.

CANTOCHÃO
Canto tradicional da liturgia cristã-católica ocidental, monódico, diatônico e de ritmo livre, composto sobre textos litúrgicos latinos e baseado na acentuação e nas divisões do fraseado; canto gregoriano, canto plano.

FÚNEBRE
Que diz respeito a óbito, sepultamento como processo e cerimônia; funeral (adj.), funerário.

DESÍGNIO
Ideia de realizar algo; intenção, propósito, vontade.

LÚGUBRE
Relativo à morte, aos funerais; que evoca a morte; fúnebre, macabro.

TURÍBULO
(M.q.) Incensório, incensário, incensador.

Criadas, no período medieval, por sacerdotes destituídos de sentimento pela dor do seu próximo, permanecem como recurso para manter a ignorância a respeito dessa realidade da qual ninguém se poderá evadir.

Ao invés de instruírem os seus paroquianos quanto aos compromissos da vida, que não cessa com a extinção do corpo, bem como explicarem que os valores que devem ser considerados são os que se encontram armazenados na mente e no coração, iludem os familiares saudosos com a exibição da grandeza terrena, sem consideração pelos que ficam ou mesmo por aquele que parte...

A morte a ninguém poupa, mas todos despertarão com os recursos morais amealhados e os serviços pelo bem realizados.

> **AMEALHADO**
> (Fig.) Que se acumulou; que se tornou maior, mais profundo, mais rico.

Nenhum privilégio é oferecido a quem não mereça a distinção.

A conquista do patamar da felicidade começa durante a existência na Terra, de onde se despede o viajante.

As cerimônias, exóticas e chocantes, são realizadas com semblantes patibulares, insensíveis, repetidamente, sem que haja palavras de consolação para os que pranteiam o *morto* nem vibração de amor que lhe seja direcionada.

> **PATIBULAR**
> Que transmite a ideia de crime ou de remorso.
>
> **PRANTEAR**
> Verter pranto; chorar.

Acompanhando a funesta apresentação, muitos daqueles que se desalojaram da roupagem carnal são tomados de pavor e imprecam, afirmando continuarem vivos; isso, quando não encontram comparsas que se divertem com a sua situação aflitiva ante a fase nova da vida.

> **FUNESTO**
> Fúnebre, lúgubre, lutuoso.
>
> **IMPRECAR**
> Rogar pragas a; praguejar.

Alguns, que aguardavam os anjos para recepcioná-los, são tomados de surpresa dolorosa e enlouquecem de medo, sentindo-se desprotegidos e à mercê das ocorrências nefastas, que têm lugar além do umbral de cinza e de lama que acabam de atravessar.

> **UMBRAL**
> Local de entrada para um interior; limiar.

❋

Sendas luminosas

A morte é a libertadora do Espírito, após este haver concluído a etapa a que se entregou, com o objetivo de crescer e iluminar-se.

Deve ser divulgada como bênção, já que o fardo carnal constitui experiência evolutiva, que um dia cessa.

Abordada com naturalidade, da mesma forma como são esperados os que irão nascer, o júbilo deve substituir o pesar, a esperança deve superar a angústia da saudade, porque o desencarnado prosseguirá vivendo, reencontrará os que o anteciparam na grande viagem de volta e trabalharão em favor dos que permanecerão estagiando no mundo.

Informado de que os fenômenos biológicos são necessários transitoriamente, o indivíduo se equipa de recursos eternos que sempre conduz no coração e na mente, como alguém que se preparasse, tendo em vista uma larga existência, tomando cuidados com a saúde e com os investimentos, a fim de encontrar-se feliz quando chegar a velhice, o cansaço...

Toda a existência física tem por meta preparar o Espírito para a despedida dos despojos, o que acontecerá irrecusavelmente, quando menos se espere.

A essa tranquilidade se somará a esperança de que a tarefa ora interrompida poderá ser continuada mais tarde, quando do futuro retorno ao proscênio terrestre, mediante a dádiva da reencarnação.

O despojar das tradições e superstições quanto ao velório e às cerimônias, que pretendem modificar a conduta do desencarnado, deve ceder lugar às informações a respeito da realidade espiritual, no que se empenham os Espíritos retornando para demonstrar a indestrutibilidade da vida e as consequências que aguardam a todos.

DESPOJAR
Deixar de lado; abandonar, largar.

É de lamentar que, no limiar de um novo milênio, as criaturas humanas ainda se vejam a braços com aparências

LIMIAR
O primeiro momento; começo, início.

destituídas de significado, particularmente em referência ao fenômeno da desencarnação.

No momento em que a cultura e a civilização, a Ciência e a tecnologia atingem o seu mais alto patamar, é lamentável que doutrinas, que se derivaram do Cristianismo, cujas bases se assentam na imortalidade da alma, permaneçam cultivando o medo da morte e negando-se a desmistificá-la, desnudando-a dessas cerimônias inócuas e cultos ultrapassados.

A conscientização do ser humano a respeito do seu destino futuro é a mais oportuna contribuição que lhe deve ser ofertada, de modo que avance com destemor no rumo da sua imortalidade, cantando um hino de alegria e de esperança.

Após a morte infamante na cruz e o sepultamento singelo, Jesus ressuscitou em triunfo e retornou em luz ao convívio dos amigos temerosos, demonstrando que toda a Sua Doutrina, alicerçada nesse fenômeno da vida, chama as criaturas para segui-lO com entusiasmo e sem qualquer temor.

Graças a essa realidade, centenas de milhares de homens, mulheres, crianças e anciãos, aguardando o triunfo além do corpo, imolaram-se em holocausto, a fim de que nunca mais a Sua Mensagem ficasse esquecida...

Não obstante, a ignorância proposital ou inconsciente de muitos religiosos prossegue dominando os arraiais do pensamento e mantendo as exóticas e desnecessárias cerimônias fúnebres, graças às quais mais se enriquecem, enquanto dissipam a oportunidade de celebrar o Reino de Deus nos corações.

Düsseldorf – Alemanha, 25 de junho de 1997.

28

IMPIEDADE EXECRÁVEL

Disfarçados de cultura e civilização, ainda permanecem no imo de muitas criaturas humanas os vestígios expressivos da barbárie, herança do passado evolutivo, que caracterizou largo período de experiências, do qual a razão e o sentimento deveriam tê-la extirpado com os instrumentos do progresso.

Essa abominável manifestação inferior sempre ressuma quando os interesses do indivíduo são contrariados; ou o exacerbar das suas paixões leva-o a considerar-se superior aos demais; ou, ao ser vitimado pelo egocentrismo perverso, crê-se o único a merecer consideração, em face dos valores que se atribui, exigindo de todos submissão e servilismo.

Expressa-se, invariavelmente, ao longo dos conflitos de qualquer natureza, especialmente durante as calamidades da guerra, quando a prepotência e a arbitrariedade se dão as mãos para estabelecer o reino de terror e de consumpção de vidas...

É então que surge o momento em que se exalta um povo em detrimento dos outros, confessando-se superior pelos recursos da força, da perversidade, da raça, da cultura, todos eles fâmulos da presunção e do desvario mental que, normalmente,

EXTIRPAR
(Fig.) Promover a destruição ou eliminação de; extinguir, destruir.

EXACERBAR
Tornar(-se) mais intenso; avivar(-se), agravar(-se).

CONSUMPÇÃO
Ato ou efeito de gastar até a destruição; consumição.

caracterizam aquele que assim procede, bem como o grupo social que, dessa forma, conduz-se.

Periodicamente a Humanidade é vítima desses ébrios de vaidade, que se levantam como chibata de horror, aplicando-a no seu dorso fragilizado pela decadência dos valores éticos. Quando estes diminuem no grupamento social, todos ficam à mercê da astúcia dos criminosos, tornando-se fáceis instrumentos a serem manipulados pelos hediondos e ambiciosos dominadores.

A supremacia de raça logo assoma, como razão para a perseguição inclemente, graças à qual são exteriorizados os instintos perversos e nunca, porém, faz-se saciada a sede de sangue dos que se lhes estorcegam nas mãos.

Tornando os vencidos – que já se fizeram escravos de si mesmos, porque perderam o contato com Deus e a sua própria realidade – objetos de escárnio e desprezo, inferiorizam-nos, submetendo-os aos métodos de indignidade perante a própria e à consciência social, passando, então, a destruí-los sistematicamente, após haverem aniquilado as suas *almas*.

Lúcidos quanto à crueza dos seus procedimentos, investem mais rigor na forma de malsinar e gerar desconforto, tornando-se sicários incomparáveis, cada vez mais perversos em razão do próprio desvario.

❁

O selvagem não consegue atingir o mesmo nível de crueza do denominado civilizado, porque age pelo instinto, sem o uso da inteligência voltada para o mal, não tendo ideia do que se encontra praticando.

O homem e a mulher de cultura, quando atormentados, elaboram mecanismos de perversidade, que ultrapassam a própria capacidade emocional, anulando-a, a fim de alcançar as suas metas.

ÉBRIO
Que está com a mente ou os sentidos perturbados; embriagado, estonteado, tonto.

SICÁRIO
Assassino pago; malfeitor, facínora.

CRUEZA
(M.q.) Crueldade.

Matam com técnica, lentamente, dizimando multidões, enquanto o ser primitivo sacia a ira desordenada, sem compreender o que fez ou conseguir entender o significado da ocorrência.

O sádico é devorador de vidas, mais se comprazendo quanto mais provoca sofrimentos nos outros, prosseguindo sistematicamente com novos meios que lhe proporcionem gozo...

Assim, são reduzidas as pessoas a nada, tomando-lhes o espaço onde se movimentam, roubando-lhes a capacidade de pensar – exaurindo-as mediante a fome, a sede, o frio, o cansaço – para atingir o máximo da iniquidade, em experiências macabras que denomina científicas, como congelamento, ruptura de artérias e veias, através de quedas brutais, de mudanças violentas de altitude, verificação de resistência à dor, às necessidades mais primárias, enfim, dissecando-as com indiferença...

Nesse transe de loucura, somente lhes interessa a destruição, o odor de morte cruel, que lhes facultam sentir-se semideuses, triunfadores eternos, novos senhores da desgraça, não os arrebatasse a morte, demonstrando-lhe a fragilidade em que fossam...

Assim foi no passado longínquo e recente; assim continua infelizmente acontecendo, sem que a Humanidade aprenda a lição dolorosa da bestialidade dos perversos, que fica mesmo depois que eles passam. Logo cessam os dias truanescos, o olvido desce sobre as consciências, até quando novos acontecimentos infelizes voltam a sacudir o dorso da sociedade.

...E tal acontece, nestes dias, porque muitos governos autoritários assim resolvem conduzir-se; religiosos ímpios desejam impor suas crenças absurdas; réprobos morais, que alcançam destaque, aproveitam-se para desforçar-se da própria pequenez, violentando os indefesos... E outros governos das demais nações e outros povos que os conhecem fecham os olhos, silenciam as vozes, tapam os ouvidos, fingindo que tudo está bem, desde

FOSSAR
Revolver(-se), revirar (-se), retorcer(-se).

LONGÍNQUO
Que está distante no tempo; remoto.

TRUANESCO
Relativo ou pertencente a truão (bobo; pessoa que diverte as outras; palhaço, saltimbanco).

ÍMPIO
Que ou aquele que não tem fé ou que tem desprezo pela religião.

RÉPROBO
Que ou aquele que foi banido da sociedade; malvado, detestado, infame.

Divaldo Franco · Joanna de Ângelis

que se sintam bem, até o momento em que a adaga da crueldade também lhes dilacere as carnes... Enquanto isso não acontece, com desfaçatez negociam armas, oferecem técnicos e instrumentos para os malvados prosseguirem, cruéis que também são, desde que venham a usufruir lucros financeiros e poder, embora sabendo que igualmente estão ceifando vidas.

> **DILACERAR**
> Rasgar com força; despedaçar, lacerar.

> **DESFAÇATEZ**
> (M.q.) Descramento; falta de vergonha, de pejo; descaração, descaro.

A História, porém, a todos *devora* na rapidez com que registra os fastos, e esses odientos perseguidores da Humanidade passam como sombras infelizes, que o tempo superou, deixando as marcas da sua trajetória ignóbil.

> **IGNÓBIL**
> Que não é nobre, que inspira horror do ponto de vista moral, de caráter vil, baixo.

Como sicários da sociedade, tornam-se lembrados e detestados, sendo a sua a herança da hediondez e do crime sistemático.

❁

Raia já o dia de novas aspirações, e o ser humano, cansado de fugir da realidade, voltar-se-á para Deus, para a vida através do amor que a todos nivela em sentimentos e interesses no bem, no nobre, no belo e no bom.

Inicia-se esse alvorecer agora, sendo a tarefa de cada um que crê e que ama, que sonha e que sofre oferecer-se como construtor da liberdade, da ventura e da paz geral.

Não tardará a chegar esse momento, se cada ser que pensa e se enobrece iniciá-lo, trabalhando com entusiasmo para alterar as situações infelizes da cultura fria e materialista que avassala, ensinando pelo exemplo a vivência cristã real, conforme o fez Jesus.

Logo mais não existirão na Terra campos de concentração, nem de trabalhos forçados, muito menos de extermínio, quando Jesus, o Pacificador, triunfar nos sentimentos e nas mentes de todas as criaturas.

❁

Nas paredes dos pavilhões do campo de concentração de Dachau está escrito: "Dachau, um mundo sem piedade".

Após uma ocorrência infeliz, no seu tempo, Heinrich Heine escreveu: "Porque isso é só o primeiro ato; porque onde livros são queimados, serão, consequentemente, queimadas as pessoas" (janeiro de 1820). Também se encontra essa frase do grande filósofo alemão em um cartaz no museu do campo.

Em maio de 1930, os nazistas queimaram em praça pública milhares de livros de escritores *indesejáveis*: judeus especialmente, comunistas, religiosos e outros. Era o início do cumprimento da profecia de Heine, porquanto, logo mais, estariam queimando milhões de pessoas nos seus fornos que nunca se apagavam, realizando a *solução final* contra os judeus, outros alemães considerados rebeldes ou criminosos, outros povos...[4]

---

4. Página psicografada na manhã de 26 de junho de 1997, quando Divaldo e Nilson visitavam o campo de concentração de Dachau, na Alemanha (nota do médium).

29

AMADURECIMENTO EMOCIONAL

A mudança dos hábitos viciosos para saudáveis exige esforço hercúleo e prolongado. Certamente, não é de um para outro momento que se anulam condicionamentos negativos, substituindo-os por novos costumes que se devem incorporar de tal forma que se automatizem, funcionando sem imposições mentais.

De começo, é necessária a conscientização dos danos sofridos, a fim de que surja o lúcido anelo pela substituição dos seus fatores causais, proporcionando a renovação interior.

Assim mesmo, as fixações anteriores ressumam amiúde, impondo falsas necessidades que quase sempre se fazem atendidas, reiniciando o círculo pernicioso.

Enquanto se não desperta para a valorização da saúde em todos os seus aspectos, principalmente naquele de natureza moral, a consciência de responsabilidade para com a vida se demora bloqueada, dificultando a alteração de conduta.

O amadurecimento psicológico proporciona a seleção natural daquilo que é bom e útil em vez do que é prejudicial e desgastante.

Nessa ocasião, surge espontaneamente uma alteração na escala de valores humanos, que passam a ter novas medidas na prioridade de uns sobre os outros, assim proporcionando a eleição daqueles que preservam a existência em substituição aos que lhe são prejudiciais.

Essa ocorrência pode dar-se mediante o suceder de experiências, através do estudo ético e da aquisição do conhecimento em torno do ser real, assim como pela descoberta do significado e dos objetivos do Si sobre o *ego*, transitório e devorador.

A consciência, que jaz adormecida, estimulada pelos fatores externos e as necessidades de autorrealização, libera recursos latentes, ampliando as aspirações do ser e passando a dirigir-lhe o processo renovador.

As velhas indumentárias que lhe escamoteavam a legitimidade são destruídas, e apresenta-se, esplendente, a nova proposta de harmonia e bem-estar que mais se desenvolve quanto mais se desvela.

O letargo, na comodidade do menor esforço, cede lugar à ação constante em favor do crescimento íntimo, que amplia o campo das percepções e dos interesses que passam a comandar a vontade, direcionando-a para mais belos cometimentos e realizações.

Todos os indivíduos que se dignificaram e contribuíram para o progresso da sociedade viveram esse momento de decisão, de escolha, de renovação.

Saturaram-se dos hábitos perturbadores e os substituíram por novos processos de autorrealização.

Viveram momentos de transe e de dor até que se firmassem as inusitadas experiências, que se deveriam transformar em questões naturais, em processos de comportamento normal. Não poucas vezes se viram sitiados pelos costumes

---

ESCAMOTEAR
Encobrir (algo) com rodeios ou subterfúgios.

ESPLENDENTE
Que esplende; resplandecente, brilhante, cintilante.

LETARGO
(M.q.) Letargia; incapacidade de reagir e de expressar emoções; apatia, inércia e/ou desinteresse.

Sendas luminosas

antigos, experimentando agonia e frustração, receio e desencanto, mas não desistiram, e por isso mesmo lograram as modificações a que se propuseram, libertando-se das conjunturas infelizes.

Houve também o exemplo de indivíduos simples, que se cansaram de ser instrumento da própria desagregação moral e optaram pela eleição de uma estrutura saudável, esforçando-se para encontrar o objetivo elevado da existência e tornaram-se vitoriosos.

O vício, na sua trajetória danosa, termina por consumir a vítima que o aceita como direcionador do seu destino. Não obstante, momento chega no qual ele perde o encanto mentiroso e dá-se uma verdadeira revolução interna, que o obriga a desalojar-se, deixando o espaço para a instalação de diferentes costumes, que se incorporarão ao cotidiano, alterando por completo a conduta do ser.

Para que seja lograda a meta, tornam-se urgentes a constatação dos danos sofridos e daqueles que virão mais tarde, o desejo sincero de mudar, a disposição para pagar o ônus do desafio que se aceita, a perseverança na ação iniciada. E, mesmo quando ocorre alguma recidiva, em razão da fragilidade do caráter ainda não forjado na resistência que precisa ser mantida, deve-se recomeçar, sem qualquer conflito, permitindo-se o direito de tombar, mas impondo-se o compromisso de prosseguir sem desfalecimento.

A conquista dos valores morais é árdua, enquanto as condições viciosas já se encontram ínsitas no comportamento, em razão da sua ancestralidade em experiências anteriores por onde o Espírito transitou.

Agora, portanto, é o momento da decisão e, de imediato, soa o da ação correta, por cujo começo se abrem as possibilidades para o êxito.

ÔNUS
Obrigação difícil de ser cumprida, pelo trabalho ou custo que acarreta.

RECIDIVA
Ação ou resultado de tornar a cometer a mesma falta, ou o mesmo crime; reincidência.

Divaldo Franco · Joanna de Ângelis

Enquanto se acredita na impossibilidade da libertação, ei-la realmente inexequível, por falta de sustentação emocional para o projeto em pauta.

Aceito o raciocínio de que cada um é aquilo a que se propõe, torna-se mais fácil a execução da tarefa em delineamento.

O despertamento da consciência de valores constitui o passo avançado para o ser humano alcançar as metas, para as quais se encontra na Terra.

Tudo é possível para quem investe no esforço próprio e na tenacidade de que se faz objeto.

Quanto seja postergado, nessa área, cada vez se apresentará mais desafiador, crescendo em importância negativa que avança até a consumpção da sua vítima.

É inevitável o progresso, que constitui Lei da Vida.

Ninguém existe que esteja condenado à retaguarda. Entretanto, não há privilégio para criatura alguma.

O desenvolvimento dos recursos adormecidos ocorre somente quando o cansaço e a frustração se instalam naquele que se entrega à indolência, vindo a acordar mediante o concurso do sofrimento, da desolação ou da amargura, para assumir uma postura saudável, verdadeiramente grandiosa.

A fatalidade da vida apresenta a plenitude como etapa final, mas a livre opção é a companheira do indivíduo que a deve eleger, estabelecendo quando e como a alcançará.

Munique – Alemanha, 26 de junho de 1997.

> **INDOLÊNCIA**
> Caráter do que revela indiferença, apatia; distanciamento.

30

CONQUISTA INTERIOR

O desenvolvimento tecnológico, avançando com a Ciência contemporânea, alcançou patamares dantes jamais imaginados, ampliando o entendimento do macro e do microcosmo, assim facultando uma existência terrestre mais amena e lúcida.

Velhos enigmas do comportamento têm sido interpretados, e superstições que vergastavam a Humanidade cedem, a cada dia, lugar a novas concepções tranquilizadoras.

Aguardada esta oportunidade, os indivíduos, felicitados por tantos engenhos e inventos nas áreas da eletrônica e da cibernética, dentre outras, que lhes proporcionam facilidades e diminuem os espaços, seria de crer-se que, à sua chegada, os conflitos e dramas, os sofrimentos morais e angústias fossem diluídos pelo conforto, pelo poder econômico ou político, o que não vem acontecendo.

As conquistas exteriores favorecem a compreensão das Leis da Vida, mas somente as de natureza interna, aprofundando a sonda no âmago do ser, podem auxiliá-los a superar as dificuldades invisíveis, que se lhes encontram ínsitas.

O homem é a medida das suas realizações interiores, quando vence as paixões anestesiantes ou alucinadoras, as

MICROCOSMO
O homem, o corpo humano considerados como um pequeno universo, uma imagem reduzida do mundo.

AMENO
(Fig.) Que se apresenta ou transcorre de modo suave, simples, agradável.

tendências perniciosas, os vícios escravizadores, as ambições desordenadas. Enquanto não se resolva por travar essa batalha sem quartel nem assistentes, conquistará o Cosmo e perder-se-á a si mesmo no *báratro* das aflições que acumula pela negligência e descontrole do instinto.

Este é um período de glórias para a inteligência e de sombras para o sentimento, porquanto uma grande nuvem paira sobre a sociedade, ameaçando-a de sofrimentos dantes jamais experimentados. Essa *borrasca* aterradora resulta do comportamento dos seus membros, que se não querem convencer da necessidade de desincumbir-se com distinção dos compromissos que têm pela frente. Ao invés da renovação interior, porém, dá-se o inverso: mais mergulham nas águas *viscosas* do prazer e do crime, individual como coletivo, atraindo as tempestades por sobre suas cabeças.

Nunca hão faltado advertências espirituais, conclamando-os à mudança de conduta, felicitando-se com as lutas retamente travadas, tendo sempre em mira que se encontra na Terra em trânsito, não sendo este o seu lar permanente.

O materialismo, o sensualismo que assolam, mesmo entre aqueles que se dizem comprometidos com a fé religiosa, com a ética, com as filosofias otimistas, conduzem-nos indevidamente a situações *vexatórias* do ponto de vista moral, produzindo consequências imprevisíveis para eles mesmos.

A situação, porque se apresenta calamitosa, merece reflexões mais *acuradas*, que possam libertar a todos das algemas e arrancar as mentes do entorpecimento em que se encontram.

❧

Escreveu o evangelista Mateus, no capítulo 26 da sua narrativa evangélica, versículos 6 a 13, que naqueles dias Jesus se encontrava em casa dos seus amigos Lázaro, Maria e Marta,

Sendas luminosas

na cidadezinha de Betânia, quando irrompeu, inesperadamente, na sala em que Ele se encontrava com os Seus, uma mulher comovida e, sem mais preâmbulos, começou a derramar um bálsamo de alto preço, que fluía de um vasilhame de alabastro, sobre a cabeça do Amigo, que permanecia inalterável, sentado à mesa.

A cena tomou de surpresa todos que ali se encontravam, que tiveram reações diferentes.

Os discípulos, no seu raciocínio imediatista, logo lamentaram, informando que o perfume poderia ser vendido e o resultado oferecido aos pobres, sempre necessitados e em volume crescente.

O Mestre, sempre disposto a iluminar as consciências e a ensinar aos que O acompanhavam, respondeu perguntando, com brandura e energia: – *Por que afligis esta mulher?*

E explicou que os pobres sempre os haveria, em razão da indiferença dos ricos. A opulência mal aplicada responde pela miséria humilhante. Somente quando se reparte é que se possui. Quem apenas armazena mata as possibilidades de enriquecimento geral.

Aquela mulher desconhecida, percebendo-Lhe a grandeza, embalsamava-O por antecipação, em um ato de profundo amor.

A cena em Betânia permaneceria, conforme Ele previu, eternizada, em razão do gesto de renúncia da doadora, desfazendo-se de algo precioso, como se estivesse investindo no próprio e no futuro da Humanidade.

Há, sem dúvida, nestes dias de contubérnio, muitas vidas que se entregaram a outras tantas, demonstrando que o amor é a solução para os magnos problemas que afligem os seres humanos, ampliando os horizontes da felicidade terrena.

Constituem os braços generosos da ação, que erguem os Espíritos aos cumes da esperança e da alegria de viver.

BÁLSAMO
Substância aromática exsudada por muitas plantas, composta de resinas, óleos essenciais, ácido benzoico, cinâmico e seus ésteres; muito us. em perfumaria e farmácia.

OPULÊNCIA
Grande quantidade de bens; riqueza.

EMBALSAMAR
Impregnar(-se), encharcar(-se) de bálsamos ('aromas'); perfumar(-se).

CONTUBÉRNIO
Convivência em um mesmo espaço físico; vida em comum; coabitação.

Desse modo, simultaneamente, as conquistas do exterior podem contribuir de uma forma valiosa para que a existência terrestre seja menos penosa, qual vem acontecendo, enquanto as autoconquistas emocionais e espirituais ensejam a ascensão plena.

Com esse comportamento, os fatores que produzem os sofrimentos desaparecem e, em seu lugar, instalam-se aqueles que irão ressurgir mais tarde, como efeitos libertadores.

❁

INESTANCÁVEL
Que não se pode estancar, deter; inesgotável.

A marcha do progresso é inestancável e faz parte do processo de evolução das criaturas.

A dor vai sendo suavizada, as condições de miséria passam a receber melhores investimentos, que lhes alteram as estruturas, e o porvir se desenha enriquecedor, desde que, porém, haja a transformação íntima inadiável.

Autoconhecendo-se, é mais fácil a alguém conhecer, com mais precisão, aqueles que se encontram à sua volta. Descobrindo as próprias deficiências, nasce-lhe tolerância para com os limites que encarceram outras pessoas na ignorância e na maneira rude de se apresentarem. Trabalhando o *granito* dos defeitos, torna-se-lhe fácil auxiliar a lapidação de arestas outras, que se encontram fora, em diferentes pessoas.

A vida íntima é a expressão do que se é, sem os adornos da personalidade volúvel e dominadora. Penetrá-la é dever que tem primazia em todos aqueles que aspiram a ideais mais nobres e a realizações mais edificantes.

Munique – Alemanha, 27 de junho de 1997.

31

PARASITOSE PERIGOSA

Sutil e perigosa, a obsessão grassa, alarmante, disfarçada de transtornos psiconeuróticos vários, particularmente a depressão e o distúrbio de pânico, avolumando-se nos tormentos sexuais em desregramento, assim como nas dependências químicas de natureza diversificada.

Decorrente da assimilação das energias perturbadoras exteriorizadas pelos Espíritos em sofrimento ou perseguidores, por afinidade mental e moral, a obsessão arrasta multidões dos dédalos de aflições coercitivas, que estão a exigir terapêutica especializada e cuidadosa.

Na raiz de todo desafio obsessivo encontra-se pulsante o ser endividado que, não tendo adquirido valores éticos substanciais, é compelido por automatismos vibratórios a sintonizar-se com aqueles desencarnados que lhe são semelhantes, sejam-lhe as vítimas transatas ou outros que se lhe assemelham.

Tratando-se de seres pensantes portadores de discernimento e de lucidez, embora embotados pela ignorância ou pela impiedade, urdem planos hábeis, aguardando os momentos próprios para iniciar ou dar prosseguimento a desforços injustificados, gerando parasitose cruel.

GRASSAR
Multiplicar-se por reprodução; propagar-se, espalhar-se.

COERCITIVO
(M.q.) Coercivo; capaz de exercer coerção; que coage, que reprime.

EMBOTADO
(Fig.) Que perdeu a sensibilidade ou a energia.

URDIR
(Fig.) Tramar a execução de (um desígnio); enredar, maquinar.

A obsessão é rude prova ou severa expiação para aquele que lhe sofre a injunção.

Porque os valores morais aceitos na sociedade hodierna, com algumas exceções, encontram-se em decadência, primando pela vulgaridade, as criaturas produzem com insistência campos vibratórios de baixo teor, que facultam a sintonia com as Entidades atrasadas ou perversas, dando gênese à turbulência obsessiva.

Normalmente, esses Espíritos propelem as suas vítimas às condutas que lhes agradam, aos interesses que lhes são afins, à medida que lhes enfraquecem a vontade, passando a assenhorear-se-lhes das faculdades mentais, emocionais e físicas.

A identificação vibratória é sempre o recurso que faculta o intercâmbio nefasto do agressor sobre aquele que lhe padecerá a influência perniciosa.

> **NEFASTO**
> Que pode trazer dano, prejuízo; desfavorável, nocivo, prejudicial.

❃

Acautela-te da manifestação insidiosa dos Espíritos infelizes, que se comprazem no mal.

Vigia os pensamentos e preserva os bons sentimentos.

Quando uma ideia pessimista ou desagradável, ambiciosa em demasia ou extravagante persistir em tua tela mental, tem cuidado, pois que poderás estar sob rude e insistente ação mental obsessiva.

> **INSIDIOSO**
> Que arma insídias; que prepara ciladas; enganador, traiçoeiro, pérfido.

Qualquer desconcerto moral, afetivo, econômico, social, desportivo e de outra natureza que te ocorra abre as comportas do equilíbrio vibratório, deixando-te susceptível para sintonizar com os Espíritos obsessores, que permanecem aguardando oportunidade própria.

Faze silêncio interior e ora, resguardando-te nessa salutar energia, dessa forma precatando-te da influência negativa.

Age no bem, auxiliando o teu próximo e com ele repartindo bênçãos.

Sendas luminosas

Sempre tens algo para oferecer que escasseia em outrem.

Se te encontras no aturdimento da indução obsessiva, recorre à psicoterapia espírita, ampliando o tempo da prece e da caridade, revestindo-te de paciência e de amor, com o que diluirás as forças nefastas, recuperando a paz.

> INDUÇÃO
> Ação, processo ou efeito de induzir.

Persiste no cultivo das ideias otimistas, mesmo que a grande esforço.

A obsessão é processo lento de fixação, por sua vez de demorada erradicação.

Nunca te suponhas indene às influências espirituais negativas, reconhecendo as próprias deficiências e trabalhando-te por superá-las.

> INDENE
> Que não sofreu perda, dano; livre de prejuízo.

Jesus, o Modelo por Excelência, esteve às voltas com esses Espíritos turbulentos, que se atreviam a tentar dificultar-Lhe a ação iluminativa da Humanidade.

Amoroso e paciente, rechaçou-lhes todas as investidas, permanecendo em comunhão com Deus.

Analisa-te com frequência e observa o próprio comportamento mental e moral, resguardando-te da hipnose nefanda dos obsessores, esses nossos irmãos que ainda permanecem alucinados na retaguarda do progresso, negando-se ao crescimento interior.

Munique – Alemanha, 27 de junho de 1997.

32

A BÊNÇÃO DO AMOR

Em qualquer situação, sê tu quem ama.

A vida, que transcorre ciclópica e agitada, gerando agressividade e violência em excesso, parecendo conspirar contra os objetivos existenciais, faculta as mais desafiadoras oportunidades para a vigência do amor.

CICLÓPICA (Fig.) Excepcional, extraordinário.

Competições desleais, lutas e frustrações que se avolumam, perda de espaço físico e emocional, envolvimentos perturbadores, desajustes e aberrações, eis o clima que predomina submetendo as multidões, também se tornando a feliz ocasião para exercitar o amor, direcionando-o com elevadas cargas de gentileza e bondade.

Porque parece não haver lugar para expandi-lo, nem campo apropriado para expressá-lo, ele deve aparecer em ti e envolver aqueles que estejam próximos em ondas de simpatia e fraternidade, iniciando o seu périplo felicitador.

PÉRIPLO Longa viagem.

Talvez seja agredido ou desconsiderado, repelido ou mal-aceito, mas não te preocupes com isso. Insiste na sua irradiação, de modo a modificar o sentido atual em que é consumido, para ensejar o bem-estar de que é capaz.

Não o imponhas a ninguém, nem te afadigues por fazê-lo ser reconhecido.

DULCIFICAR
(Por ext.) Tornar
agradável, ditoso, feliz.

ENTORPECER
Tirar ou perder a
energia, o ânimo;
enfraquecer(-se),
debilitar(-se).

EXASPERAR
Tornar(-se) colérico,
enfurecido.

IMPERMEÁVEL
(Fig.) Que não se deixa
penetrar; fechado,
refratário, inacessível.

INDITOSO
(M.q.) Desditoso;
que ou o que foi
atingido pela desdita;
desafortunado,
inditoso, infeliz.

CARCOMIDO
(Fig.) Que está abatido,
consumido.

PSICOPATOLOGIA
(M.q.) Psicopatia;
qualquer doença
mental.

ÁTIMO
Momento, instante.

Qual luz suave, ele se expande e dulcifica, tornando-se essencial, a partir de então, àquele que o recebe.

A sua resposta, provavelmente, não será imediata. Mas isso não é vital. O essencial é semeá-lo no solo dos corações.

Acostumados à insensatez e ao utilitarismo, os indivíduos perderam ou entorpeceram a faculdade de amar, conservando, no entanto, as suas matrizes no sentimento profundo.

Lentamente as alcançarás, se persistires amando.

Os bons resultados advirão com o tempo.

Confia no amor e distribui-o.

❁

Deus ama sempre. Por isso, o apóstolo João O definiu como o Amor.

Assim, não te exasperes nem reajas ante aqueles que se te apresentam como impermeáveis à influência do amor.

Exercita a paciência para com eles, pois que, por certo, estão enfermos, vitimados pela aridez emocional, em que estorcegam.

O amor não te impedirá doenças nem infortúnios, que são experiências necessárias para a evolução, mas evitará que sejas enfermo ou inditoso, porquanto passarás por esses estágios, nunca, porém, permanecendo neles.

O agressor infeliz, o verdugo desalmado, o carrasco impiedoso, o perseguidor implacável nunca receberam amor e, por isso, desconhecem-no. São, em consequência, alucinados carcomidos por psicopatologias que só o amor reverte e sara.

Saulo, devorado pelo ódio a Jesus e aos Seus discípulos, foi vencido em um átimo pelo encontro rápido com o Mestre amoroso, tornando-se-Lhe servidor abnegado.

Reflexiona sobre a função básica da existência física no trajeto do teu crescimento espiritual e constatarás que ela tem como meta a conquista do amor.

Trabalha-te interiormente com o cinzel da fé em Deus, retirando as arestas morais que estimulam o egoísmo, o orgulho, o ciúme, a inveja, a cólera, o ódio, e o amor reinará nos domínios do teu sentimento, soberano e triunfador.

Se desejas a felicidade plena amanhã, ama desde agora.

✿

Jesus jamais selecionou aqueles a quem direcionava o Seu amor. Nem mesmo os inimigos gratuitos, aqueles que O perseguiam sistematicamente, deixaram de receber-Lhe a compaixão amorosa e a compreensão misericordiosa.

Acusado de amar os pecadores, os impuros, os infelizes, que o preconceito escorraçava, Ele os ergueu à dignidade humana, envolvendo-os em esperança e libertando-os da ignorância como dos algozes internos – suas paixões perturbadoras.

Ama, portanto, sempre e sem cessar, guardando a certeza de que, com o amor em ti, estás com Deus no coração e na alma.

Salvador – Bahia, 28 de junho de 1997.

CINZEL
Instrumento manual que tem numa extremidade uma lâmina de metal resistente muito aguçada em bisel, e que é us. para entalhar, esculpir, cortar ou gravar materiais duros (madeira, ferro, pedra etc.) ger. com auxílio de um martelo; abridor.

ESCORRAÇAR
Demonstrar rejeição por.